FACULTÉ DE DROIT DE TOULOUSE.

DE L'EXCEPTION NON NUMERATÆ PECUNIÆ
EN DROIT ROMAIN;

DU TRANSFERT DE LA PROPRIÉTÉ PAR L'EFFET DES CONVENTIONS
EN DROIT FRANÇAIS.

DISSERTATIONS
POUR
LE DOCTORAT,

Présentées à la Faculté de Droit de Toulouse,

Par M. GIL (Jacques-Philippe-Paulin),

Avocat au Tribunal de première instance d'Albi (Tarn).

TOULOUSE,
IMPRIMERIE BAYRET-PRADEL ET COMP^e,

RUE PEYRAS, 12.

—

1855.

DE L'EXCEPTION NON NUMERATÆ PECUNIÆ

EN DROIT ROMAIN.

DU TRANSFERT DE LA PROPRIÉTÉ PAR L'EFFET DES CONVENTIONS

EN DROIT FRANÇAIS.

DISSERTATIONS

POUR

LE DOCTORAT,

Présentées à la Faculté de Droit de Toulouse,

Par M. GIL (Jacques-Philippe-Paulin),

Avocat au Tribunal de première instance d'Albi (Tarn).

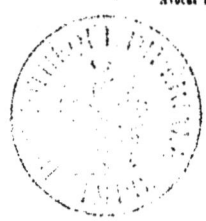

TOULOUSE,

IMPRIMERIE BAYRET-PRADEL ET COMPe,

RUE PEYRAS, 12.

—

1855.

Meis et Amicis.

DROIT ROMAIN.

De exceptione non numeratæ pecuniæ.

Préliminaires.

Quand on étudie la théorie des actions en Droit romain, on est frappé de la rigueur des principes en matière d'obligations *stricti juris*.

Le fait juridique générateur d'une obligation est accompli. A l'instant, le débiteur se trouve inexorablement lié envers son créancier. Nulle considération, nulle circonstance antérieure, concomittante ou postérieure au fait juridique, ne saurait détruire ou même affaiblir ce lien. Peu importe la cause réelle et morale à laquelle on puisse le rattacher. L'inflexible *condictio* pèse de tout son poids sur le malheureux débiteur, et aucune raison d'équité ou de bonne foi ne peut dispenser le juge de le condamner. Hâtons-nous de le dire : il n'en était cependant pas ainsi dans tous les contrats. Dans un grand nombre d'entre eux, le juge pouvait avoir égard à toutes les circonstances de fait qui étaient de nature à influer sur la moralité de l'obligation, ces contrats, par cela même, avaient reçu la dénomination *contrats de bonne foi*.

Il est à remarquer qu'il n'y a que les premiers qui furent connus et pratiqués à Rome, qui soient des contrats de droit strict. Tous ceux qui sont venus plus tard se ressentent de l'heureuse influence du droit des gens et reposent sur des principes plus équitables.

Mais d'où vient que les *Quirites* aient entouré d'une rigueur souvent si injuste leurs premiers contrats ?

Si, au milieu de l'incertitude qui plane sur cette question, il nous est permis d'adopter un système, nous n'hésitons pas à donner la préférence à celui de MM. Ortolan et Savigny. Tout porte à croire, nous disent ces auteurs, que les premières obligations des Romains naquirent du prêt. Elles furent comme le prix de l'aliénation d'un objet fongible. Or, cette aliénation ne pouvait avoir lieu que selon le Droit des Quirites, c'est à dire *per æs et libram*.

L'opération se composait de deux parties distinctes : 1° du pesage au moyen de la balance et du lingot; 2° de la prononciation des paroles sacramentelles, appelée *nuncupatio*. C'est dans cette opération que prenait naissance le lien juridique. Or, en même temps que cette cause était essentiellement légale, essentiellement conforme à l'esprit du Droit Quiritaire, elle était aussi essentiellement juste et morale. Car, si ces actes ne furent plus tard employés que d'une manière fictive et symbolique, il est incontestable qu'ils ont été dans le principe une réalité. La balance et la pièce d'airain remontent à ces époques primitives où, faute de monnaie publique, le métal se mesurait au poids.

Ainsi donc, à l'origine, les choses se passaient de telle façon qu'il ne pouvait pas y avoir d'obligation civile sans cause juridique, et celle-ci supposait toujours une cause juste et véritable. Le débiteur devait nécessairement avoir reçu une chose de la part du créancier : et dès lors, on s'explique comment il était si sévèrement tenu à en rendre une pareille en qualité et quantité, et comment il était assujetti à une obligation qui, toute rigoureuse qu'elle était, n'était cependant que le prix ou l'équivalent de ce qu'il avait déjà reçu.

Plus tard, on se débarrassa des entraves de la mancipation, et on admit que le *mutuum* naîtrait de la simple tradition de la chose. Ici encore, la cause de l'obligation est à la fois juste et juridique, et le lien, quoique
stricti juris, n'impose au débiteur qu'une légitime compensation.

Mais arrivent les obligations par paroles, *verbis obligatio,* et les obligations par écrit, *litterarum obligatio.*
Ici, la cause juridique est tout à fait indépendante de la
cause réelle. Peu importe que le débiteur ait ou n'ait
pas reçu quelque chose de son créancier : si les paroles sacramentelles de la stipulation ont été prononcées,
ou bien si l'inscription sur les registres du créancier a
été faite par l'ordre du débiteur, le fait générateur de
l'obligation est accompli, le lien juridique est formé :
et ce lien est aussi rigoureux que dans le *mutuum*
contracté *per æs et libram* (*nexum*), parce que les contrats *verbis* et *litteris* ne sont que des dérivés du *nexum,*
dans lesquels on tient le métal pour pesé et donné,
afin de se dispenser de la solennité *per æs et libram.*

Faire connaître un pareil droit, c'est assez dire quelles conséquences iniques il pouvait et devait souvent
entraîner. Car, qu'importent des paroles sacramentelles
prononcées, ou transcrites sur un registre? La raison
et l'équité réclament une cause antérieure et réelle : et
toutes les fois que l'obligation existera sans elle, il y
aura injustice, iniquité.

Néanmoins, tel fut le Droit à Rome pendant longtemps : les paroles ou l'écriture liaient le débiteur
d'une manière inflexible; et il n'existait aucun moyen
pour tempérer la rigueur du Droit. Souvent même, celui qui était créancier en vertu d'un contrat de bonne

foi, faisait substituer une obligation *verbis* ou *litteris* à l'obligation primitive, afin de transformer un lien de droit des gens en un lien de strict droit civil. Nous en voyons un exemple dans Cicéron, *de Officiis*, où l'orateur se plaint qu'à l'époque dont il parle, son collègue et ami Aquilius n'eût pas encore émis les formules contre le dol (1).

Ce rigorisme, après avoir traversé toute la période du premier système de procédure, le système des *actions de la loi*, passa dans la *procédure formulaire*. Le Préteur délivrait la formule conformément au Droit, et si ce qui se trouvait allégué dans l'*intentio* était justifié devant le juge, celui-ci était obligé de prononcer la condamnation.

Mais cela change sous l'influence du Droit Honoraire qui se développe dans l'intervalle écoulé entre l'enfance de Cicéron et son âge mûr, de ce Droit dont la haute mission nous est révélée par Papinien, *adjuvandi*, vel *supplendi*, vel *corrigendi juris civilis*, et duquel Marcien disait que c'était la *viva vox juris civilis*. Le Préteur invente des moyens indirects à l'aide desquels il pourra corriger l'âpreté et l'injustice du Droit civil.

Ces moyens, ce sont les *exceptions*.

Quelles que soient en effet, ainsi que nous l'avons vu, les circonstances invoquées par le défendeur, le Préteur ne peut pas dénier l'action au demandeur, si, en droit, sa prétention, en la tenant pour vraie, constitue une obligation. Que fera-t-il alors? Il insérera dans la formule, à la suite de l'action, l'allégation du défendeur; et le juge, après avoir vérifié la demande,

(1) *De Officiis*, lib. 3. § 14.

aura à examiner cette seconde partie de la formule qui,
si elle se trouve justifiée, servira à faire repousser l'action par des motifs d'équité. C'est cette restriction mise
par le Préteur dans la formule, qui est appelée exception. Ulpien la définit ainsi : *Exceptio dicta est quasi
quædam exclusio..... ad excludendum id quod in in-
tentionem condemnationem ve deductum est* (1).

L'exception est donc, dans les mains du Préteur,
l'instrument à l'aide duquel il corrigera la rigueur du
Droit civil. La première tentative dans cette voie d'a-
mélioration fut faite par le Préteur Aquilius, cet ami et
collègue de Cicéron, dont il est si souvent question
dans les écrits de l'orateur romain. Il inventa les formules contre le dol, *de Dolo malo*. Il le définissait :
quum esset aliud simulatum, aliud actum.

L'Edit prétorien lui donna un plus grand caractère
de généralité et rendit l'exception de dol applicable à
tous les cas de fraude. Il accorda même à celui qui
avait à se plaindre d'un acte dolosif, le droit d'agir directement par voie d'action pour se faire restituer contre les conséquences de cet acte. *Quæ dolo malo facta
esse dicuntur, si de his rebus alia non erit, et justa causa
esse videbitur, judicium dabo* (2).

Outre les exceptions que le Préteur annonçait à l'a-
vance dans son Edit, Gaius nous apprend qu'il en accordait souvent d'autres, sur les détails particuliers
qu'on venait lui exposer, *causâ cognitâ* (3).

Les effets salutaires des exceptions ne tardèrent pas
à se faire vivement sentir. Aussi, loin de rester exclu-

(1) Dig. 44. 1. 2. — (2) Dig. IV. 3. 1. Ulpien. — (3) Gaius, Comm.
4. § 118.

sivement propre au Droit Honoraire, cette innovation pénétra même dans la législation écrite; et l'on vit des lois, des sénatus-consulte, des constitutions impériales créer des droits sous forme d'exception. C'est là un des points de contact qui tendent à rapprocher le Droit civil du Droit prétorien, pour les amener peu à peu *in unam consonantiam*.

L'exception est pour le défendeur ce qu'est l'action pour le demandeur. De même que c'est au demandeur à prouver les faits sur lesquels repose l'*intentio*, de même c'est au défendeur à justifier les faits sur lesquels repose son exception. *Qui excipit probare debet quod excipitur* (1). C'est de là que vient l'adage si connu : *reus excipiendo fit actor*.

L'exception sans attaquer de front la prétention du demandeur, comme le faisait la défense proprement dite, produisait cependant le même effet, en ce sens qu'elle paralysait l'action, qu'elle la rendait entièrement inefficace. Sa durée (si ce n'est dans les exceptions dilatoires) était la même que celle de l'action. A quelque époque qu'ait lieu l'attaque, le défendeur peut toujours opposer l'exception : *semper agentibus obstant.* Et il doit en être forcément ainsi, puisqu'il n'est pas au pouvoir du défendeur de présenter son exception à un moment plutôt qu'à un autre. Il est obligé d'attendre l'attaque; et ce n'est que quand elle se produit, qu'il peut répondre par son exception. C'est de là que vient la règle encore suivie de nos jours : *temporalia ad agendum perpetua ad excipiendum.*

(1) Celse. Dig. 44. 1. 9.

CHAPITRE PREMIER.

De l'exception non numeratæ pecuniæ

depuis son origine jusqu'à Justinien.

SECTION PREMIÈRE.

Origine et nature de cette exception. — Sa formule. — A qui incombe la
preuve? Dans quels cas pouvait-elle être opposée, et par qui?

Les exceptions, première conquête du Droit des
gens sur l'ancien Droit civil, ouvrent cette voie de pro-
grès dans laquelle devait entrer peu à peu la législation
romaine. L'exception de dol surtout avec son application à tous les cas de fraude, et même à tout ce qui
était contraire à la bonne foi, était comme la sauve-
garde de la justice et de l'équité. Tantôt conçue d'une
manière générale : *si in eâ re nihil dolo malo factum sit
neque fiat*, elle imposait au juge le devoir d'examiner
et d'apprécier toutes les circonstances invoquées par le
défendeur, afin de voir si elles ne constituaient pas un
dol de la part du demandeur. Tantôt conçue *in factum*,
c'est à dire spécifiant un fait précis, elle limitait à ce
fait l'appréciation du juge, sans qu'il eût la faculté de
s'occuper de toute autre circonstance.

Cependant, nonobstant une innovation aussi salu-
taire, les capitalistes romains trouvaient encore moyen
d'accabler le peuple de leurs exactions; et de tous côtés d'amères récriminations ne cessaient de s'élever
contre eux. C'était surtout à l'occasion des prêts de
consommation (*mutuum*) qu'ils exerçaient leur coupable industrie. Fréquemment on faisait un contrat *verbis*
ou *litteris* pour constater une obligation pour prêt de
consommation (*mutuum*) et surtout pour prêt d'argent.

Or, voici ce qui se passait : le créancier comptait l'argent à son débiteur, et la stipulation ou l'écrit (*nomen transcriptitium*) avait lieu immédiatement après. C'est ce que nous enseigne Ulpien. Dans ce cas, nous dit ce jurisconsulte, il n'y avait pas de novation, parce que telle n'avait pas été l'intention des parties. Elles ne s'étaient proposées que de faire un contrat *verbis* ou *litteris*, et la numération des espèces n'avait eu lieu que pour servir de cause réelle et morale à l'obligation qu'elles voulaient contracter (1).

Mais il arrivait quelquefois qu'on procédait d'une manière toute opposée, c'est à dire qu'on stipulait d'abord comme si l'argent avait été compté, quoiqu'en réalité il ne l'eût pas été, la numération devant avoir lieu plus tard. C'est ce que nous apprend le même jurisconsulte au même passage où il professe que dans ce cas encore il n'y aura pas novation : *idem erit dicendum, et si antè stipulatio est, mox pecunia numerata sit.*

Un pareil usage devait nécessairement fournir aux capitalistes une nouvelle occasion d'assouvir leur insatiable cupidité. Ce n'était pas assez d'avoir stipulé pour prêt un capital, et souvent avec ce capital des intérêts exorbitants (*fœnus unciarium*), il fallait encore se dispenser de réaliser en tout ou en partie ce prétendu prêt. C'est ce qui arriva. Cette numération des espèces qui devait avoir lieu plus tard n'avait jamais lieu en fait. Et cependant, par cela seul que les paroles sacramentelles avaient été prononcées, que l'inscription sur les registres avait eu lieu, l'obligation existait dans

---

(1) Dig. 46. 2. *de Novationibus*, 1. 6.

toute sa force; en sorte que le malheureux débiteur était victime de la mauvaise foi de son créancier.

Évidemment, dès que l'exception de dol fut admise, elle dût être donnée contre une pareille fraude. Mais c'était au défendeur qui invoquait l'exception à la prouver, ainsi que nous l'avons énoncé ci-dessus. Or, lorsque tout le dol consistait dans la non numération, la preuve devenait excessivement difficile, puisqu'elle avait pour objet une négative tout à fait indéterminée; d'où la conséquence que, faute d'avoir pu prouver son exception, un malheureux débiteur était souvent obligé de subir une injuste condamnation.

Cet état de choses fit que les obligations *verbis* ou *litteris* qui avaient pour cause un *mutuum*, devinrent suspectes. C'est pourquoi on inventa l'exception *non numeratæ pecuniæ*.

Nous ignorons l'époque précise de son introduction. Elle paraît remonter à une époque antérieure aux empereurs Sévère et Antonin, puisque ces empereurs la mentionnent dans une constitution qui forme la loi 1, au Cod. 4. 30. D'un autre côté, il est probable qu'elle n'existait pas encore du temps de Gaius, puisque dans le Commentaire 4, § 116 de ses Institutes, ce jurisconsulte ne la mentionne pas.

Cette nouvelle exception était toujours conçue, en fait, *in factum concepta*, parce qu'elle présentait à l'appréciation du juge un fait précis: celui du défaut de numération d'espèces. Comme l'exception de dol, elle était insérée dans la formule à la suite de l'*intentio*, à peu près en ces termes: *nisi pecunia non numerata sit.*

Mais une différence notable existait entre l'exception de dol et celle *non numeratæ*. Elle consistait en ce que

celui qui opposait cette dernière, n'était pas obligé de
prouver son allégation; au contraire, il rejetait par là
sur le créancier la nécessité de prouver la numération
des espèces. Cela résulte formellement du texte de la
loi 3, Cod. 4. 30, qui porte ces mots : *Exceptione op-
positâ, seu doli, seu non numeratæ pecuniæ, compellitur
petitor probare pecuniam sibi esse numeratam.* Il résulte
même des termes de cette loi que cette règle fut étendue à l'exception de dol, lorsqu'elle remplaçait la
non numeratæ.

Ce fut là une dérogation bien remarquable aux principes en matière de preuves, introduite dans l'intérêt
des débiteurs malheureux. Cette exception était spécialement dirigée contre ces fraudes dont nous avons parlé
ci-dessus, à l'encontre desquelles l'exception de dol
était si souvent inefficace, à cause de la difficulté de la
preuve. Désormais, le débiteur aura un moyen bien
simple pour échapper à la mauvaise foi de son créancier : il lui suffira de lui opposer l'exception *non numeratæ pecuniæ.* Et comme celui-ci sera incapable de
prouver cette numération, lorsqu'en réalité elle n'aura
pas eu lieu, le débiteur devra être nécessairement ab-
sous. C'est là un éclatant triomphe du Droit des gens
sur le Droit Quiritaire. C'est la cause réelle et philosophique qui surgit, et qui tend à se substituer à la cause
formaliste du Droit civil.

Une innovation qui amène des conséquences aussi
importantes et qui vient heurter de front une règle
aussi formelle que celle : *qui excepit probare debet,* est
assurément une chose bien remarquable dans l'histoire
de la législation romaine. Aussi, tout en ignorant quel
est le monument législatif qui a dû l'introduire, nous

pensons qu'elle ne doit pas résulter d'un simple édit de Préteur, mais vraisemblablement d'une loi.

Cependant les glossateurs et après eux d'autres interprètes ont prétendu qu'il n'y avait là aucune espèce de dérogation aux principes en matière de preuves, et que ce n'était que l'application de la prétendue règle : *qu'on ne prouve point une négative*. Cette prétendue règle se trouverait expressément formulée dans la loi 2, Dig., au titre *de Probationibus*, où Paul dit : *ei incumbit probatio ei qui dicit, non qui negat*.

D'ailleurs, ajoute-t-on, la preuve d'un fait négatif est impossible. C'est ce qui résulte formellement d'une constitution d'Alexandre (1), où l'empereur, rapprochant l'exception *non numeratæ* de celle d'argent payé, s'explique la différence de leur durée par l'avantage qu'a le débiteur, dans la première, de pouvoir rejeter le fardeau de la preuve sur le créancier : et il en donne en passant cette raison, que celui qui nie une numération n'a, d'après la raison et la nature, aucune preuve à administrer,..... *et negantem numerationem (cujus naturali ratione probatio nulla est)*... Un rescrit de Dioclétien et de Maximien (2), semble encore renfermer le même principe, à peu près dans les mêmes termes : *actor, quod adseverat probare se non posse..... cum per rerum naturam factum negantis probatio nulla sit*.

S'il en était ainsi, il est évident que l'introduction de notre exception ne constituerait point cette innovation importante dont nous parlions *suprà*. Ce serait seulement une exception nouvelle, soumise, sous tous

(1) Cod. 4. 30. l. 10, *de non numeratâ pecuniâ*. — (2) L. 23, au Code, *de Probationibus*.

les rapports, aux règles générales, n'ayant rien de particulier que le nom.

Mais tel n'est point notre sentiment; et un examen plus approfondi des textes, accompagné de quelques réflexions, doivent nous conduire à une plus saine interprétation. Et, d'abord, quel est le véritable sens de la loi 2, *de Probationibus?* Elle signifie tout simplement que celui qui ne fait que nier le fait sur lequel repose la demande formée contre lui, n'a rien à prouver : c'est à celui qui allègue le fait sur lequel il fonde sa prétention qu'incombe la preuve. Il suffit de lire ce texte pour se convaincre que raisonnablement il n'est pas susceptible d'une autre interprétation.

Il n'est donc pas vrai que Paul, dans la loi précitée, ait entendu formuler cette prétendue règle qu'on ne prouve point une négative.

Mais admettrons-nous qu'à défaut de textes auxquels on puisse la rattacher, cette règle repose sur le bon sens et la force des choses? Est-il vrai que la preuve d'un fait négatif soit impossible? Nous ne saurions le penser. Sans doute, la négative sera souvent difficile à prouver, surtout lorsque les faits invoqués à l'appui sont indéfinis, comme dans la preuve du défaut de numération; mais elle ne sera pas impossible. Ainsi, pour établir que l'argent ne m'a pas été compté, je prouverai que le créancier n'en avait pas au moment du prétendu prêt, que je n'en ai pas eu non plus ; d'où la conséquence qu'il n'a pas pu m'en prêter. Or, qui pourra soutenir que, d'une manière absolue, la preuve de ces deux faits est impossible ? La preuve d'une négative résultera donc de celle de plusieurs propositions affirmatives. La même difficulté pourra exister pour la preuve d'une proposition affirmative , lorsque cette proposition sera indéfinie : ainsi , pour établir que vous avez toujours possédé un objet quelconque, il faudra analyser votre proposition en un nombre infini de propositions affirmatives, et prouver chacun des faits successifs de votre possession.

La difficulté de la preuve ne tient donc pas au caractère négatif ou affirmatif de la proposition , mais à son caractère de proposition indéfinie : *non quia negativa sed quia indefinita.*

Restent cependant : la constitution d'Alexandre et le rescrit de Dioclétien et de Maximien, qui semblent consacrer cette prétendue impossibilité.

Parlons d'abord du rescrit. Or, ce texte, qu'il ne faut pas prendre dans ses derniers mots, mais bien dans son ensemble, n'a rien moins que cette signification. Il a, au contraire, pour but de protéger le défendeur contre les prétentions d'un demandeur qui, désespérant de prouver, voulait en imposer la charge à l'adversaire. Et il ne fait que confirmer ce qu'avait déjà dit Paul dans la loi précitée, à savoir que celui qui se borne à dénier les obligations produites contre lui, n'a rien à prouver.

A la vérité, les paroles de l'empereur Alexandre ne sont pas susceptibles de recevoir la même interprétation ; et nous devons convenir qu'elles expriment le sens que leur ont prêté les glossateurs. Mais c'est là une opinion isolée, qu'aucun autre texte ne vient corroborer, et que, pour notre part, nous ne pouvons attribuer qu'à une erreur de cet empereur. Si telle avait été l'opinion des jurisconsultes romains, il est impossible qu'ils ne l'eussent pas formulée quelquefois dans les écrits qu'ils nous ont laissés.

Mais à prendre la constitution d'Alexandre, comme renfermant une vérité reconnue par la législation romaine; qu'en conclure autre chose, que cette prétendue impossibilité fut un des motifs qui fit admettre notre exception avec la particularité qui la distingue? Car, l'impossibilité existerait-elle, il faudrait encore un texte formel qui dispensât de la preuve celui qui affirme une négative. L'impossibilité n'est pas, en effet, un motif suffisant pour autoriser, d'une manière générale, une dérogation à la règle que la preuve est à la charge de celui qui allègue; et faire une pareille restriction à une règle aussi fondamentale, ce serait exposer les droits acquis à une désastreuse instabilité. Nous ne comprenons donc qu'une dérogation toute particulière, motivée par la fréquence du genre de fraudes dont nous avons parlé, reposant sur la présomption légale que l'argent n'avait pas été compté. Ce qui ne constitue nullement l'application des principes en matière de preuves, mais, au contraire, une véritable exception.

Après avoir ainsi rétabli les principes, voyons dans quel cas l'exception *non numeratæ pecuniæ* pouvait être opposée. Nous le savons, c'est pour déjouer les fraudes des capitalistes, en matière de prêts d'argent ou d'autres choses d'espèce (*mutuum*), qu'elle fut introduite. Or, le *mutuum* ne s'applique qu'à des choses qui peuvent être exactement représentées par d'autres, et à l'égard desquelles on s'attache surtout au poids, au nombre et à la mesure. Il est défini par Cujas : *Creditum quantitatis datæ eâ lege ut ipsa quantitas reddatur in genere, non in specie eâdem.*

Donc, pour qu'il y ait lieu à intenter l'exception,

il ne suffit pas qu'il y ait une créance (*creditum*) qui peut provenir de différentes causes; il faut qu'il y ait un prêt. Car, ainsi que nous l'apprend Paul(1), le *mutuum* est une espèce dont le *creditum* est le genre. Il ne peut pas y avoir de prêt sans numération d'espèces : *item mutuum non potest esse nisi proficiscatur pecunia; creditum autem interdum etiamsi nihil proficiscatur* (2).

Ainsi, lorsque l'obligation, quoique ayant une somme d'argent pour objet, aura pour cause réelle un traité, autre qu'un prêt, intervenu antérieurement entre les parties, l'exception *non numeratæ* ne sera point opposable. Il s'agira, par exemple, d'une vente qui aura été suivie d'une stipulation du prix, dans l'unique but, pour le vendeur, de convertir une action de bonne foi en une action de droit strict. Il est hors de doute que, lorsque le créancier réclamera l'exécution de l'obligation, le débiteur ne pourra pas lui opposer l'exception *non numeratæ pecuniæ*. Car, comment pourrait-il prouver une numération qui, en réalité, n'a pas eu lieu, indépendamment de laquelle il existe cependant une cause rationnelle, la vente, qui suffit pour légitimer l'obligation ? Au reste, cela résulte d'une constitution d'Alexandre, ainsi conçue : *Ignorare autem non debes, non numeratæ pecuniæ exceptionem ibi locum habere ubi quasi credita pecunia petitur*(3).

Cependant, si les parties n'étaient pas d'accord sur la véritable cause, et qu'elles eussent inséré dans un écrit que la cause était un prêt, cela suffirait pour

(1) L. 2. § 3. *de Rebus creditis*, Dig — (2) Idem. — (3) L. 5. Code. *de non numeratâ pecuniâ.*

2

tion, lorsqu'il s'agissait d'une *obligatio verbis*, ou depuis la transcription sur les registres, lorsqu'il s'agissait d'une obligation *litteris*. Mais il courait contre toutes personnes, tant contre les héritiers du débiteur que contre le débiteur lui-même, même contre les mineurs. Tels sont les termes de la fin de la loi 8 : *etiamsi pupillus sit, debitum solvere compellitur.* Néanmoins ces derniers avaient, après l'expiration des cinq ans, le droit d'agir par la voie de la *restitutio in integrum* : ce qui revient à dire que pendant les délais, ils jouissaient de l'exception comme les majeurs, après quoi ils rentraient dans le droit commun des mineurs. (L. 8. Cod. 2. 44.)

Mais ce n'était pas seulement par l'expiration des délais que cet espèce de privilége accordé au débiteur prenait fin, il pouvait encore cesser par d'autres causes. Ainsi une reconnaissance nouvelle de l'obligation, sous quelque forme qu'elle ait été faite, expresse ou tacite, *sive verbis sive factis*, rend désormais l'exception non opposable. En effet, une nouvelle reconnaissance rend la fraude peu vraisemblable, et fait ainsi disparaître la présomption sur laquelle reposait le bénéfice de la loi.

C'est ce que décide formellement l'empereur Antonin pour le cas où, pendant les délais, le débiteur a payé une partie de la dette ou des intérêts : *Cum fidem cautionis agnoscens, etiam solutionem portionis debiti vel usurarum feceris, intelligis te de non numeratâ pecuniâ nimiùm tardè querelam deferre* (1).

Si la faveur accordée au débiteur était rigoureusement restreinte dans les limites d'une exception dila-

---

(1) L. 4. *de non numeratâ pecuniâ.*

toire, si elle ne pouvait pas se produire sous une autre
forme, il faut reconnnaître qu'elle serait le plus souvent
dérisoire. Le créancier aurait un moyen bien simple de
rendre inerte dans les mains de son débiteur l'arme que
la loi a voulu lui donner. Il lui suffirait de retarder
l'exercice de son action jusqu'après l'expiration des délais. Il est évident qu'alors l'exception serait tardive;
que d'un autre côté, elle n'aurait pas pu se produire
plutôt, parce que n'étant qu'une voie de défense, elle
ne peut être opposée que lorsque l'action est déjà exercée; de telle façon que la demande du créancier suivrait son libre cours et obtiendrait son plein et entier
effet.

Il ne pouvait pas en être ainsi. C'est pourquoi, tout
en accordant au débiteur l'exception, Alexandre lui
accorde en même temps le droit de répéter son obligation par condiction, en cas d'inaction de la part du
créancier,... *per condictionem obligationem repetere, si
actor non petat* (1).

C'était là une condiction toute particulière, appelée
condictio causâ datâ causâ non secutâ. Elle était accordée
à celui qui avait donné une chose à condition qu'on lui
en donnerait une autre et auquel cette autre n'avait pas
été donnée. Elle naissait de la convention tacite d'après
laquelle celui qui avait donné une chose se réservait le
droit de la revendiquer, si l'autre partie ne légitimait
pas, par l'exécution de sa promesse, la dation qui lui
avait été faite (2).

Mais de quelle manière pouvait-on répéter son obli-

(1) L. 7. *de non numeratâ pecuniâ.* — (2) L. 7. Code. *de Titulis.*
L. *ult.*, Code. *de Condictione ex lege.*

pereur ne s'est occupé que du second cas, le premier
étant par trop évident.

Passons donc au mandant et au fidéjusseur. Pas plus
que l'*expromissor*, ils ne peuvent opposer l'exception
sous prétexte que la numération n'a pas été faite à eux-
mêmes, puisqu'elle est censée faite au mandataire ou
au débiteur principal. Mais peuvent-ils l'opposer sous
prétexte que l'argent n'aurait pas été compté à l'un de
ces derniers? Oui, nous apprend l'empereur Alexandre : *Tam mandatori quam fidéjussori non numeratæ pecuniæ exemplo rei principalis competit* (1). Pourquoi
cela? Parce qu'il n'y a qu'une seule obligation, quoiqu'il y ait plusieurs obligés, et que l'exception n'est
pas exclusivement propre à une personne, mais à
l'obligation elle-même, tant qu'elle existe, *non personæ
sed rei cohæret.*

Il en est de même de l'un des débiteurs solidaires. Il
ne serait pas reçu à prétendre que l'argent ne lui a pas
été compté à lui-même ; mais il pourrait opposer qu'il
n'a été compté à aucun de ses codébiteurs (2).

Mais si, tout en intervenant dans une même obligation, les débiteurs ne se sont pas engagés solidaire-
ment, alors même que l'un d'eux ait reçu l'argent, ceux
qui ne l'ont pas reçu pourront sans crainte opposer l'exception. Dans ces circonstances, disent les jurisconsultes Maximien et Dioclétien : *Frustrà veremini, ne
ejus pecuniæ nomine vos convenire possit, quam alii mu-
tuo dedit, si intrà præstitum tempus rei gestæ questionem
detulistis* (3).

(1) L. 12. *de non numeratá pecuniá.* — (2) L. 4. Code 8. 40. —
(3) L. 8. Code. 4. 2. *si certum petatur.*

Disons en terminant que l'exception *non numeratæ* passait aux héritiers du débiteur contre les héritiers du créancier, mais sans aucune prolongation de délai ni pour les uns ni pour les autres (1).

SECTION II.

De la durée de l'exception *non numeratæ* fixée par les constitutions. — Point de départ du délai. — Peut-elle être réduite par une reconnaissance du débiteur ? — Le débiteur peut agir encore par voie d'action. — Après les délais, peut-il prouver lui-même la non numération ?

Si l'intérêt des débiteurs avait fait admettre cette exception particulière, l'intérêt des créanciers en faveur desquels existait après tout une cause juridique d'obligation, en fit restreindre la durée. On ne pouvait pas imposer sans limites au créancier une loi aussi dure, sans tomber dans l'excès contraire à celui qu'on avait voulu prévenir. Il fallait que cette présomption de fraude admise par le législateur eût un terme, le laps de temps rendant la preuve toujours de plus en plus difficile.

Cette durée, qui avait été primitivement fixée à un an, fut plus tard fixée à cinq ans d'après une constitution de Marc-Aurèle, qui se trouve dans le premier fragment du Code Hermogénien, ainsi conçu : *eœ cautione exceptionem non numeratæ pecuniæ, non anni, sed quinquennii spatio deficere, nuper censuimus* (2).

Mais quel était le point de départ du délai? C'était le moment de la création de l'obligation : ainsi le délai commençait à courir depuis les paroles de la stipula-

_____

(1) L. 8. *de non numeratd pecunid.* — (2) Code Hermogénien. *De cautd et non numeratd pecunid.*

qu'il y eût présomption que telle a été en effet la véritable cause, et pour que le débiteur pût opposer notre exception, sauf, toutefois, au créancier à prouver, contrairement à l'écrit, qu'il y a eu une autre cause, c'est à dire, en cas de vente, par exemple, la réalité de la vente.

Il n'y avait pas également lieu à l'exercice de cette exception, lorsque l'obligation avait été contractée par suite d'une transaction. C'est ce que nous apprend le même empereur : *Si transactionis causâ dare Palladio pecuniam stipulanti spopondisti, exceptione non numeratæ pecuniæ defendi non posse* (1). Et, en effet, la transaction, comme la vente, est une cause suffisante pour justifier équitablement une obligation.

Voyons maintenant, parmi les personnes qui peuvent être diversement tenues à acquitter une obligation, quelles sont celles qui peuvent opposer l'exception?

Et d'abord, je suppose que je me sois chargé, soit de mon propre mouvement, soit par délégation, de payer la dette d'un autre, substituant par là ma personne à la sienne, *a personâ in personam*, prenant en un mot la qualité d'*expromissor*, pourrai-je opposer l'exception? Il est bien évident que je ne pourrai pas l'opposer sous prétexte que la numération n'aurait pas eu lieu entre mes mains, puisqu'au moment de mon intervention elle était déjà censée faite à celui dont j'ai pris la place. Mais pourrai-je l'opposer sous prétexte que l'argent n'aurait pas été compté à ce dernier?

Nous ne le pensons. En effet, il y a ici novation, c'est à dire substitution d'une nouvelle obligation à une

____

(1) L. 11. Code. *de non numeratâ pecuniâ.*

autre. Or, quelle est celle à laquelle pouvait être opposée l'exception ? Évidemment à la première, puisque
c'était celle dont la cause réelle était censée être une
numération. Mais ce n'est plus en vertu de celle-là
qu'est tenu l'*expromissor* : c'est en vertu de la seconde, laquelle ne suppose pas du tout une numération, puisqu'elle trouve une cause suffisamment rationnelle dans l'obligation primitive. Sans doute, si l'obli-
tion primitive n'avait pas eu d'existence juridique, si
croyant un individu débiteur d'un autre, alors qu'en
réalité, il n'en était rien, je m'étais engagé pour lui envers le prétendu créancier, Ulpien, exprimant en cela
l'opinion de Julien, nous apprend que je pourrai opposer à ce créancier l'exception de dol, ou même agir
contre lui par voie d'action, pour me faire libérer par
acceptilation (1). Mais cette décision ne peut point s'appliquer à notre espèce, car ici l'obligation primitive,
quoique soumise à l'exception *non numeratæ*, n'en a pas
moins une valeur juridique incontestable : elle existe
à la fois naturellement et civilement. Dès lors, elle est
suffisante pour servir de cause à la seconde obligation.

C'est encore dans le même sens que se prononce
l'empereur Alexandre (2). A la vérité, le jurisconsulte
ne distingue pas entre le cas où l'*expromissor* prétend
que l'argent ne lui a pas été compté à lui-même et
notre espèce. Mais le rapprochement de notre texte
avec celui de la loi 12, *Idem.*, relatif au fidéjusseur et
au mandant, pour lesquels il donne une solution contraire, ainsi que nous allons le voir, prouve que l'em-

_____

(1) Dig. liv. 44. 4. l. 7. § 1. — (2) L. 6. *de non numeratâ pecuniâ.*

gation? En se faisant rendre l'écrit (*chirographum*), s'il s'agissait d'une obligation littérale, ou en se faisant libérer par les paroles de l'*acceptilation*, s'il s'agissait d'une stipulation. De même, si le débiteur avait donné un gage pour la garantie de l'obligation, les empereurs Sévère et Antonin nous apprennent qu'il pouvait le revendiquer par une action réelle. Et si le créancier lui opposait l'obligation dont le gage n'était que l'accessoire, le débiteur lui opposait, à son tour, l'exception *non numeratæ* (1).

Mais les délais une fois expirés, le débiteur est privé de l'une et de l'autre voie. L'obligation est tout à fait purgée de la suspicion dont elle était entachée. Le droit commun reprend son empire. Plus de faveur pour le débiteur. Il est censé avoir reçu les fonds. Quel recours lui reste-t-il donc? Évidemment, il sera toujours admis à prouver, comme dans toute sorte de cas, qu'il n'a jamais été obligé, parce qu'il n'y a pas eu de stipulation ou d'obligation littérale. L'empereur Alexandre nous dit encore qu'il sera toujours admis à prouver qu'il s'est libéré par le paiement, parce que l'exception d'argent payé est perpétuelle, *adseveratio debitum solutum contendentis, temporis diuturnitate non excluditur* (2), la preuve étant toujours à la charge de celui qui l'oppose.

Mais pourra-t-il opposer l'exception *non numeratæ*, en prenant sur lui le fardeau de la preuve?

C'est là une question qui a fait l'objet d'une vive controverse parmi les interprètes.

D'un côté, on a dit: l'exception *non numeratæ* est

<hr>

(1) L. 1. *de non numeratâ pecuniâ.* — (2) L. 10. *de non numeratâ pecuniâ.*

toute spéciale et toute de faveur pour le débiteur. Elle
est temporaire. Si elle n'est pas proposée dans le délai
de cinq ans, elle s'évanouit. Or, comme elle est une, et
qu'elle ne peut point être un seul instant séparée de ce
qui en fait le caractère distinctif, c'est à dire de la circonstance que la preuve est à la charge du créancier,
en laissant passer les délais sans en user, vous perdez
non seulement la principale prérogative de cette exception, mais encore l'exception elle-même. C'est en vain
que vous prétendez vouloir l'opposer, en prenant sur
vous-même le fardeau de la preuve : une présomption
toute contraire à l'ancienne, une présomption de numération s'élève contre vous. Votre silence pendant cinq
ans est une espèce de reconnaissance et de ratification
contre lesquelles il ne vous est pas permis de vous élever : et on s'appuie sur ces paroles d'Alexandre : Sin
verò legitimum tempus excessit, in queremoniam creditore minimò deducto, omnimodo..... debitum solvere
compellitur (1).

Malgré les hésitations que fait naître une question
aussi délicate, nous adoptons de préférence le système
contraire.

Supposons pour un instant que l'exception *non numeratæ pecuniæ* n'existe pas, il est bien évident qu'au
cas où elle s'applique le défendeur pourra opposer l'exception de dol : car il y a bien certainement dol de la
part d'un créancier qui n'a pas réalisé un *mutuum* promis (2). Or, l'exception de dol est perpétuelle et peut
être opposée en tout temps. Refuser donc au débiteur le

_____

(1) L. 8. *de non numeratâ pecuniâ.* —(2) Ulpien. Dig. 44. 4. 2.
§ 3.

alors, elle perdait, du moins pendant les cinq ans,
c'est à dire dans les délais accordés pour opposer l'exception, son caractère essentiel : celui de produire un
lien (*vinculum juris*) par la seule prononciation des
paroles, puisque l'efficacité de ce lien se trouvait désormais dépendre de la numération réelle des espèces.

§ 2. *De son influence sur le contrat litteris.* —
L'exception *non numeratæ pecuniæ* s'appliquait également aux obligations *litteris*. Les textes en font
foi (1); et il y a les mêmes raisons de décider que pour
l'obligation *verbis :* car elles paraissent avoir une filia-
tion commune. Aussi, malgré l'obscurité qui couvre
cette espèce d'obligation, croyons-nous devoir entrer
dans quelques développements historiques à cet égard.

Les écrits (*instrumenta*), d'après leur nature, ne
sont que des instruments de preuve. Tel fut, en effet,
le rôle qu'ils jouèrent exclusivement à Rome, dans la
première période du Droit, et généralement pendant
celles qui suivirent. Cependant, dès la seconde période, il se produit, nous dit M. Ortolan (2), un phé-
nomène analogue à celui qui s'était produit lors de
l'introduction de l'obligation *verbis*. Il s'agit également
d'un prêt d'argent, dans lequel la solennité per æs
et libram sera tenue pour faite, ainsi que la *nuncupatio*
elle-même. Le tout sera remplacé par un écrit. Le
créancier tiendra la somme pour pesée et donnée *expensa lata;* le débiteur pour pesée et reçue *expensa
relata*, et autorisera le premier à la porter comme telle

(1) Cod. Theodosius 2.27.—Cod. Justinien 4. 30. 1. 5. Constit.
Alexand. —(2) Ortolan, *Explication historique des Institutes*, tom. II,
page 219 et suivantes.

sur son registre (*codex*, *tabulæ*). Le créancier fera cette
inscription en la formule consacrée. Ces deux condi-
tions une fois accomplies, ordre du débiteur d'inscrire,
et inscription faite, l'obligation (*acceptilatio*) sera consommée. Il y aura contrat *litteris* dont la cause civile
ne sera autre que l'écriture, comme dans les contrats
verbis, l'unique cause est la prononciation des paroles.

Ces écrits formant obligation, furent désignés sous
le nom de *transcriptitia nomina*, pour les distinguer des
arcaria nomina qui, ainsi que nous l'apprend Gaïus (1),
ne formaient pas obligation, mais servaient seulement
à prouver une obligation préexistante.

Les *transcriptitia nomina* ne prirent pas, du moins
quand à leur objet, la même extension que les stipulations. Loin de s'appliquer à toute sorte d'engage-
ments, ils n'eurent jamais pour objet qu'un *certa
pecunia*, restant, en cela, constamment fidèles à leur
première origine. Sous tous les autres rapports, ils
conservèrent une frappante analogie avec les obligations verbales. Ainsi, la véritable cause cessa d'être
exclusivement un *mutuum*, et put être, nous dit
Gaïus (2), une vente, un louage ou une société. D'autres fois, c'était l'obligation d'une tierce personne que
vous vous engagiez à exécuter à sa place. Dans le
premier cas, on disait que la nouvelle obligation avait
lieu *a re in personam*; dans le second, qu'elle 'avait
lieu *a persona in personam* (3).

A l'aide de ces notions générales sur l'obligation
litteris, il est facile de comprendre l'influence que pou-

---

(1) Gaïus, Comm. 3. § 131. — (2) Idem, § 129. — (3) Idem, § 129-
130.

Si l'on s'en rapporte aux inductions historiques de M. Savigny, qui rattache tous les contrats donnant naissance à une *condictio* au prêt, et à celle de M. Ortolan qui ne voit dans le contrat *verbis* qu'un dérivé du *nexum,* dans lequel on tient le pesage *per æs et libram* pour accompli, les paroles sacramentelles (*nuncupatio*) étant seules conservées, on est amené à admettre que la stipulation, dès son origine, n'intervenait qu'à l'occasion de prêts de consommation.

Tantôt la stipulation suivait immédiatement le prêt, et alors, ainsi que nous l'avons dit *suprà ,* il n'y avait pas de novation; il n'y avait qu'un seul et même contrat. Tantôt un long intervalle de temps séparait les deux opérations : le *mutuum* existait déjà , et la stipulation intervenait ensuite, non pas pour donner plus de force à l'obligation, puisque l'une et l'autre produisaient la même action, une action de droit strict, la *condictio,* mais pour donner au créancier plus de faculté pour la preuve; et alors il y avait véritablement novation.

Il est évident que si ce contrat était toujours resté fidèle à sa première origine , s'il avait continué à se mouvoir dans la même sphère, en un mot, s'il n'était jamais intervenu qu'à l'occasion de prêts de consommation , il est évident, disons-nous, que l'application de l'exception *non numeratæ* lui aurait porté une terrible atteinte. Avec la faculté accordée au débiteur d'opposer une exception dont la preuve était à la charge du créancier, le contrat *verbis* perd pour ainsi dire sa propre individualité, puisqu'en réalité , c'est plutôt la numération des espèces que les paroles qui oblige.

Mais la stipulation avait une autre destinée : il lui

était réservé de devenir le mode le plus général de
s'obliger en Droit romain. Nous la voyons de bonne
heure s'appliquer à tout espèce d'engagement licite à
contracter. *Non solum res in stipulatum deduci possunt,
sed etiam facta, ut stipulemur aliquid fieri vel non fieri* (1),
On l'employait ; soit pour donner la forme des contrats
à une foule de conventions que les hommes peuvent
établir entre eux, au gré des circonstances et de leur
volonté, et qui, sans cette forme, n'auraient pas produit
d'action ; soit pour convertir des obligations déjà exis-
tantes en obligations *verbis*, afin d'avoir un lien plus
précis et plus rigoureux.

Ce n'est pas tout. Malgré son origine *civile*, son application aux diverses relations d'affaires devint tellement utile, qu'à l'aide d'un simple changement de for-
tune, elle devint praticable entre les étrangers et les
citoyens. Au lieu de ces mots : *Dari spondes? spondeo*,
qui étaient exclusivement propres aux citoyens romains, on fit usage des locutions suivantes, qu'on ap-
pela du droit des gens et qui furent valables pour
tous les hommes : *Promittis? promitto; fidejubes? fide-
jubeo; facies? facio* (2).

Tel était le degré de développement auquel était
arrivée l'obligation *verbis*, lorsque l'exception *non
numeratæ pecuniæ* fut introduite. C'est assez dire que
dans la grande majorité des cas ce contrat échappa à
son application. Néanmoins, toutes les fois que la
stipulation intervenait à l'occasion d'un *mutuum*, elle
se trouvait dans le domaine de notre exception. Et

(1) Inst. xv. 3. § 7. *de Verborum obligatione.* — (2) Gaius, Comm.
3, § 92-93.

droit de l'opposer après un certain délai, c'est lui enlever une faculté qu'il tient du droit commun.

Rien, ce nous semble, ne vient autoriser un pareil
résultat. Car, de ce que la loi m'a accordé une faveur
toute particulière, à condition d'en user dans un certain
délai, si je ne l'ai point fait, s'en suivra-t-il que j'ai
perdu non seulement cette faveur, mais encore un droit
que j'avais avant et indépendamment de cette dernière?
S'en suivra-t-il inévitablement que j'ai reconnu le fait
même que la loi mettait en question?

Mais, est-ce qu'un tout autre motif que celui de la
numération réelle ne peut pas m'avoir fait garder le
silence pendant cinq ans? Et lorsque je viens plus
tard, et que j'offre de vous prouver moi-même le fait
dolosif dont je prétends avoir été victime, comment
me repousseriez-vous? Pourquoi sortiriez-vous à mon
égard du droit commun, dans lequel m'a fait rentrer
purement et simplement la déchéance que j'ai encou-
rue?

Encore une fois, les considérations qu'on fait valoir,
ne nous semblent pas justifier une pareille rigueur.
Vainement faisons-nous appel aux textes. Celui de la
loi 8 précitée, le seul qu'on nous oppose, n'est rien
moins que décisif, et ne proclame, selon nous, que le
retour au droit commun.

SECTION III.

De l'exception *non numeratæ* sur le contrat *verbis*, sur le contrat
litteris et sur la *cautio*. — De son extension à l'écrit constatant le
paiement d'une dot, et de là à un écrit quelconque constatant une numération.

Nous avons vu que pour qu'il y ait lieu d'opposer

cette exception, il faut que l'obligation ait pour cause
un prêt d'un *certæ pecuniæ* (un mutuum). Or, nous apprenons par Cicéron, qu'une telle obligation ne peut
résulter que de trois contrats reconnus par le Droit civil,
c'est à dire du contrat *re*, *verbis* ou *litteris*. *Pecunia pe-
tita est certa..... Hæc pecunia necesse est, aut data, aut
expensa lata, aut stipulata sit* (1). Quant au contrat *re*,
il est évident que notre exception ne saurait s'y appliquer, puisque la cause juridique, la base même de cette
espèce de contrat, ne consiste que dans la numération
des espèces. Elle ne s'appliquera donc qu'aux contrats
verbis et *litteris*, parce que, à leur égard, la cause civile, la prononciation des paroles ou l'écriture, est tout
à fait indépendante de la cause philosophique et réelle,
ainsi que nous l'avons dit *suprà*.

C'est dans son application à chacune de ces deux
espèces d'obligations que nous devons étudier spécialement notre exception, pour faire ressortir l'influence
qu'elle exerça sur chacune d'elles.

§ 1. — *De son influence sur le contrat* verbis. — Il est
hors de doute que l'exception *non numeratæ pecuniæ*
s'appliquait à la stipulation. Plus d'un fragment des
jurisconsultes (2), et plus particulièrement un passage
tout spécial des Instituts de Justinien en font foi (3).

Mais, pour bien apprécier l'influence de notre exception sur cette espèce de contrat, il est bon d'entrer dans
quelques développements sur l'origine et l'extension de
l'obligation *verbis*.

---

(1) Cicéron, *pro Q. Roscio comædo oratio*. 3. § 5. — (2) Cod. 4. 30.
l. 9. Const. de Dioclétien et Maximien. Ulpien, *de doli mali exceptione*. Dig. 44. 4. l. 2. § 3. — l. 4. 16. — (3) Instituts de Justinien,
liv. 4. 13. § 2. *de Exceptionibus*.

vait avoir l'exception *non numeratæ* sur cette espèce de contrat. Ainsi, lorsque l'obligation émanait *a personâ in personam*, il est évident qu'il ne pouvait pas y avoir lieu à l'application de notre exception, car il s'agissait d'une délégation ; et nous avons vu que dans la délégation, le nouveau débiteur n'a rien reçu du créancier, que la véritable cause de son obligation, même la cause rationnelle et morale, c'est l'obligation primitive, l'obligation du déléguant.

Dans les divers cas de l. *transcriptii... a re in personam*, le plus grand nombre échappait encore à l'application de l'exception *non numeratæ*. Ainsi, toutes les fois que la cause était une vente, un bail, etc., parce que dans ces cas rien ne nécessitait une numération d'espèces antérieure. Ce n'était donc que lorsque la cause était un prêt fait au débiteur, c'est à dire lorsque le débiteur était censé avoir reçu un objet de consommation, que l'obligation *litteris* entrait dans le domaine de notre exception : et alors se produisaient les mêmes effets que nous avons signalés à l'égard des obligations verbales.

Mais, à mesure que nous avançons dans l'histoire des Institutions Romaines, nous voyons les citoyens perdre l'habitude de tenir un registre domestique destiné à mentionner toutes leurs opérations. Cela entraîne nécessairement la chute des *transcriptitia nomina*, que nous trouvons dans la plus complète désuétude dans le Bas-Empire. Les banquiers (*argentarii*) furent ceux chez qui se prolongea le plus longtemps cet usage, déjà profondément altéré (1).

(1) Dig. 2. 14. *de Pactis*.—4. 8. 31. *de receptis qui arbitrium receperunt*.

Cependant, depuis longtemps déjà, il s'était passé, pour l'obligation *litteris*, ce que nous nous avons vu se passer pour la *verbis*. Comme cette dernière, le contrat *litteris* était une forme d'obligation éminemment civile, et par conséquent exclusivement propre aux seuls citoyens Romains. Et de même qu'on avait trouvé un moyen, un changement de formule, pour appliquer les stipulations aux étrangers; de même on inventa un moyen pour leur appliquer l'obligation littérale. Au reste, il y avait une raison toute particulière qui faisait que les *transcriptitia* ne pouvaient pas avoir lieu entre les citoyens et les étrangers (du moins, lorsque c'était l'étranger qui était créancier), c'est que les étrangers n'avaient pas de registre. Et même, lorsque l'étranger était débiteur, nous apprenons par Gaïus que c'était une question agitée entre les deux écoles de Nerva et de Sabinus, à savoir si l'étranger pouvait être lié par l'expensilation (1).

Quoiqu'il en soit, on inventa pour les étrangers une forme nouvelle consistant dans les *chirographa* et les *syngrapha*. Quelle était la forme précise de ces écrits? C'est ce qu'il nous est impossible d'indiquer. Gaïus nous dit seulement: *si quid debere, aut daturum se scribat* (2). Ce qui indique que c'était une déclaration écrite du débiteur. Il ne distingue même pas les chirographa des syngrapha. Cependant Asconius indique une différence: *Chirographa ab und parte servari solent; syngraphæ signatæ utriusque manu, utrique parti servandæ traduntur* (3). Ce qui veut dire que les premiers étaient

---

(1) Gaïus, Comm. 3. § 133. — (2) Idem, § 134. — (3) *Asconius ad Ciceron. in verrem*, act. 2, lib. 1. § 36.

seulement signés par le débiteur, et les seconds étaient rédigés en deux exemplaires, et signés par les deux parties.

Il paraît même que les syngrapha remontent à une origine plus antique que les chirographa. On les trouve mentionnés dans les comédies de Plaute, dès le VI° siècle de Rome. Aussi, disparaissent-ils les premiers, et ne trouve-t-on plus leur nom dans le corps de Droit de Justinien.

Mais les chirographa leur survécurent. On les rencontre en une foule d'endroits, et notamment dans le Code Théodosien, sous le titre : *si certum petatur de Chirographis*. Il en est aussi question dans le Digeste et dans le Code de Justinien (1). Ils survécurent même aux *transcriptitia nomina*, en sorte que sous le Bas-Empire, c'était là le seul vestige de l'obligation *litteris*. Maintenant, quelle était la nature de ces chirographa ? Était-ce de véritables obligations littérales ou de simples instruments de preuve ?

Sous Gaius, c'étaient, du moins à notre avis, de véritables obligations *litteris*. La lecture du texte de ce jurisconsulte, ainsi conçu : *prætereà litterarum obligatio fieri videtur chyrographis et syngraphis*, ne peut se laisser, ce nous semble, aucun doute à cet égard.

Mais ceux que nous trouvons plus tard dans les constitutions sont-ils de la même nature ? C'est ce qu'il nous est impossible de déterminer au milieu de la confusion et de l'obscurité qui règne sur cette matière. Ce qu'il y a de certain, c'est que nous les voyons de temps en temps assimilés avec les *cautiones* (2). Or, la *cautio*

(1) Dig. 22. 3. *de Probationibus.*—Cod. 4. 30. 1. 10. — (2) Dig. 13. 6. 1. 5. *Commod.*

n'était autre chose qu'un instrument de preuve. Nous pouvons donc dire que, dès cette époque, le contrat *litteris,* c'est à dire celui dans lequel l'écriture est la cause civile de l'obligation, a disparu. Mais, au point de vue de l'exception *non numeratæ,* peu importe la véritable nature du chirographe au moment de son déclin, et même alors qu'il est assimilé à la *cautio.* L'exception l'atteint, toutes les fois qu'il suppose un *mutuum,* ainsi que nous allons le voir par l'influence de la *non numeratæ* sur la *cautio.*

§ 3. *De son influence sur les* cautiones. — A Rome, les preuves écrites, pour jouir d'une certaine autorité, étaient soumises à une condition essentielle qui nous est révélée par le jurisconsulte Paul (1); elles devaient énoncer, non seulement l'objet, mais encore la *cause* de l'obligation qu'elles étaient destinées à prouver. Lorsque cette condition manquait, que l'écrit fût rédigé dans la forme des actes publics ou dans celle des actes privés, peu importait, il ne faisait pas pleine foi de la vérité de l'obligation: l'écrit passait pour incomplet, *indiscretè loquitur;* et le créancier était obligé de le compléter, en prouvant la cause de sa créance.

Mais lorsqu'au contraire la cause se trouvait formellement exprimée dans l'écrit: *si ipse specialiter, qui cautionem exposuit, causas explanavit, pro quibus eamdem conscripsit,* nous dit le même jurisconsulte, l'écrit faisait pleine foi: *Hunc enim stare eum oportet suæ confessioni,* à moins que par les preuves les plus évidentes présentées par écrit, le débiteur ne prouvât qu'il avait promis ce qu'il ne devait pas, *nisi evidentissimis*

(1) Dig. *de Probationibus,* 22. 3. 1. 25. § 1.

probationibus in scriptis habetis ostendere paratus sit, sese hæc indebité promisisse (1).

Ces principes posés, voyons ce que c'était que la *cautio*. Le mot *cautio* (*cavere*) qui, dans son sens le plus général, servait à désigner toute sûreté par écrit destinée à prouver une obligation quelconque, était plus spécialement employé à désigner la promesse écrite de payer une somme d'argent déterminée *certa pecunia*, le plus souvent comme conséquence d'un *mutuum*. Or, le même danger de fraude qui s'était présenté à l'esprit du législateur en matière d'obligation *verbis* et *litteris*, se présenta ici. On craignit avec raison que les capitalistes, abusant de l'état nécessiteux d'un malheureux débiteur, ne se fissent faire des reconnaissances pour des prêts qu'ils n'avaient pas encore effectués, et que plus tard ils n'effectuaient pas en totalité ou en partie. Aussi, de bonne heure comprit-on la nécessité d'appliquer à la *cautio* l'exception *non numeratæ pecuniæ*. Cela explique comment il se fait que, lorsque les *chirographa* furent venus s'assimiler avec les *cautiones*, ils restèrent toujours dans la sphère d'application de notre exception.

Cependant, il importe de faire ici une précision. L'application de la *non numeratæ* à la *cautio* ne constituait pas la même dérogation aux principes que son application aux obligations *verbis* ou *litteris*. Il ne s'agissait pas, en effet, de savoir si une obligation dont l'existence juridique était reconnue, existait aussi en équité, mais seulement si cette obligation existait réellement en droit. Etant donné un titre *causé*, toute

(1) Dig. *de Probationibus*, 22. 3. 1. 25, § 4.

la question était de savoir si la cause exprimée existait ou n'existait pas. D'après les principes que nous avons exposés ci-dessus, il est évident que la cause était présumée sincère, jusqu'à ce que le débiteur, par les preuves les plus évidentes, en eût établi la fausseté. Mais ici, le législateur, se basant sur la mauvaise foi des prêteurs, regardait comme incertaine (*indiscrete*) l'énonciation de la cause, quelque formelle qu'elle fût; et dans ce cas, le créancier était obligé, conformément aux principes que nous connaissons, de dissiper cette obscurité par une preuve. Par là, la cause, l'essence même de l'obligation n'était nullement atteinte; l'innovation ne portait que sur la preuve. Et si le débiteur n'usait pas de l'exception dans le délai légal, tout rentrait dans le Droit commun, les principes en matières de preuves reprenaient leur empire, et la *cautio* faisait pleine et entière foi.

§ 4. *De l'extension de l'exception* non numeratæ pecuniæ *à l'écrit constatant la réception d'une dot.* — En parcourant les divers cas d'application de l'exception *non numeratæ pecuniæ*, nous avons constaté qu'elle n'atteignait que les obligations ou les écrits qui supposaient un *mutuum*. C'était à l'occasion de cette espèce de convention qu'elle avait pris naissance, et jusqu'ici elle était restée circonscrite dans ces étroites limites. Cependant, il arrivait quelquefois qu'on déclarait par écrit avoir reçu une somme *à un autre titre qu'un prêt*, alors qu'en réalité, on ne l'avait pas reçue. Dans ces circonstances, il est évident qu'il y avait les mêmes raisons que ci-dessus pour étendre à ces cas notre exception.

Ainsi, souvent un individu, pour aboutir plus facilement à un mariage qu'il désirait ardemment, faisait un appel à la cupidité du futur beau-père ou de la future épouse. Il reconnaissait dans un écrit (*cautio*) qu'il avait reçu la dot, alors qu'en réalité, il n'avait rien reçu; et de cette manière, il arrivait au comble de ses vœux, à la consommation du mariage. Plus tard, soit la femme ou ses représentants, soit le constituant lui-même venaient répéter de lui ce qu'il avait faussement déclaré avoir reçu. Dans cette situation, il n'avait pour tout refuge que l'exception de dol avec la charge de la preuve, sans laquelle il était inévitablement condamné.

Ce fut pour remédier à cette iniquité qui, à ce qu'il paraît, se produisait fréquemment dans les mœurs romaines, qu'on accorda au mari qui avait souscrit un écrit constatant une réception de dot, le droit d'opposer l'exception *non numeratæ*. De cette manière, disent les empereurs Sévère et Antonin, ce n'est pas l'instrument qui établit le paiement de la dot, mais seulement la preuve de la numération : *dotem numeratio, non scriptura dotalis instrumenti facit* (1).

Ce premier pas fait dans l'extension de la *non numeratæ* à une *cautio* qui n'avait pas pour cause un *mutuum*, on ne tarda pas à généraliser le principe suivi en matière de dot, en rendant l'exception applicable à tous actes supposant une numération d'espèces. A la vérité, nous ne trouvons pas des textes précis à l'appui de cette innovation; ce qui prouve qu'elle s'est plutôt insensiblement glissée dans le Droit qu'elle n'y a été législativement introduite. Mais cela nous paraît incontestable en présence des cas particuliers que l'empereur Justi-

(1) L. 1 au Cod. 3. 15. *de Dote cautâ non numeratâ*.

nien soustrait à l'empire de l'exception, ce qui implique que la règle générale était l'application de la *non numeratæ* à tous les cas qui supposaient une numération.

CHAPITRE II.

De l'exception non numeratæ pecuniæ sous Justinien.

C'est l'époque des *judicia extraordinaria*. — Justinien réduit le délai à deux ans. — Il accorde le moyen de rendre l'exception perpétuelle. — Il établit une peine. — Dans certains cas particuliers, il la supprime, dans d'autres, il réduit l'exception à un très bref délai. — Après l'expiration des délais, le débiteur ne peut pas prouver lui-même la non numération. — En quoi consiste sa nouvelle obligation *litteris?* — Conclusion.

De grands changements se sont opérés dans la procédure romaine. Le système des *judicia extraordinaria* a succédé au système formulaire. Il n'y a plus à distinguer entre le *jus* et le *judicium*. Le procès n'a qu'une seule phase : tout se passe devant le magistrat. Plus de formule délivrée par lui, et dès lors plus d'exceptions proprement dites, puisque l'exception n'était qu'une partie de la formule. Le demandeur allègue sa prétention; le défendeur présente ses moyens de défense, et le magistrat dit le Droit.

Cependant, si dans la forme les exceptions se sont entièrement confondues avec les défenses, si elles doivent être produites de la même manière, au fond la différence essentielle que nous avons signalée entre elles subsiste toujours. Autre chose, en effet, est prétendre que la demande n'a aucun fondement juridique, que la prétendue obligation sur laquelle on l'appuie n'a jamais eu ou a cessé d'avoir aucune existence (ce qui

constitue une défense); et autre chose est dire qu'à la
vérité la prétention du demandeur a pour elle la rigueur du droit, puisque le lien qu'elle invoque est civilement, juridiquement existant; mais que, pour des
raisons d'équité, ce lien doit fléchir, ce droit doit rester inefficace (ce qui constitue une exception). Une telle
différence repose sur l'esprit particulier du Droit romain en matière d'obligations, et est indépendante de
toute innovation en procédure.

C'est pour cela que nous voyons encore la qualification d'*exceptions* fréquemment employée sous l'empire
des *justicia extraordinaria*, et notamment en ce qui
concerne la *non numeratae pecuniae*, qui passa dans le
Droit de Justinien avec la même dénomination.

Il paraît que le même genre de fraude, dont nous
avons parlé, fut constamment pratiqué à tous les âges
de la nation romaine, puisque nous trouvons armée
contre lui la législation de Justinien, comme celle de
ses prédécesseurs. Ainsi, sous ce prince, l'exception
non numeratae s'applique à une stipulation faite pour
cause de prêt (1). L'empereur suppose, conformément
aux errements de l'ancien Droit, que quelqu'un stipule
de vous une somme qu'il doit vous prêter, et qu'il ne
vous compte cependant pas plus tard. Vous n'en êtes
pas moins tenu par le lien de la stipulation. Mais comme
une condamnation en cas pareil constituerait une
iniquité, vous pourrez opposer l'exception *non numeratae*. Un tel moyen de défense se distingue parfaitement des défenses proprement dites, et rentre bien

---

(1) Inst., liv. IV. tit. XIII. *de Exceptionibus.*

dans la définition de l'exception telle que nous l'avons donnée ci-dessus.

Justinien parle encore de la *non numeratæ* dans son obligation littérale (1). Mais nous savons ce qu'était devenue l'obligation littérale proprement dite, déjà bien avant l'avènement de cet empereur. Nous avons vu qu'elle n'existait plus en réalité, et qu'elle se confondait avec la simple *cautio*. Eh bien! adoptant ce qui se passait avant lui, il permet d'opposer l'exception à tout écrit constatant un *mutuum*. Or, c'est improprement qu'il donne à ce moyen de défense la qualification d'exception. En effet, ici, il n'y a pas une stipulation qui produise obligation, indépendamment de la numération des espèces, puisque notre texte dit expressément: *cessante scilicet verborum obligatione*: il n'y a pas non plus de *nomen transcriptitium*, puisqu'ils sont depuis longtemps abolis; il n'y a donc qu'une simple *cautio*, instrument de preuve destiné à contracter un *mutuum*. Donc le *mutuum* seul, la numération des espèces, a pu produire obligation; si elle n'a pas eu lieu, il est évident qu'il ne peut pas y avoir d'obligation. Eh bien! c'est précisément là ce que prétend le défendeur: il nie l'existence du *mutuum*. C'est donc une défense proprement dite qu'il oppose, comme si dans un cas de stipulation, il niait cette stipulation. C'est donc improprement que la qualification d'exception est ici employée.

Cette critique, à la vérité, est purement nominale. Nous ne l'avons soulevée que pour signaler comment il se fait qu'une dénomination qui était parfaitement

(1) Inst., liv. III. tit. xxi. *de Litterarum obligatione*.

propre, appliquée à l'institution pour laquelle elle avait
été créée, devienne plus tard impropre lorsque cette
institution ou celles qui s'y rapportent ont été altérées.

Sans insister plus longtemps sur ces détails, rappe-
lons qu'à l'époque de l'avènement de Justinien, l'exception *non numeratæ* étendait son empire sur les stipulations pour cause de *mutuum*, sur les *cautiones*,
et généralement sur tous les écrits opposait une numération d'espèces. Nous allons voir en quoi consistent
les modifications qu'il introduisit :

1° Il réduisit à deux ans le délai dans lequel pouvait être opposée l'exception (1). L'expérience avait
prouvé que le délai de cinq ans, par sa longueur, rendait la charge de prouver la numération souvent trop
onéreuse pour le créancier, et entraînait quelquefois
l'injustice contraire à celle qu'on avait voulu prévenir.
Et d'un autre côté, un débiteur qui a été réellement
victime d'une fraude n'attend pas un si long délai pour
se plaindre ; s'il le fait, il est en faute. Ce furent ces
considérations qui portèrent Justinien à faire la réduction dont nous venons de parler.

2° Tout ce que se propose l'empereur, c'est de concilier autant que possible les intérêts de la justice et de
l'équité avec la foi due aux écrits, et de ne pas sacri-
fier au préjudice du créancier les principes que l'exception *non numeratæ* est destinée à défendre dans l'intérêt
du débiteur. A part cela, tout prouve qu'il veut autant
que possible prévenir la fraude, et se montrer de plus
en plus favorable au débiteur qui s'en prétend victime.
C'est ainsi que sous ce prince, non seulement le débi-

(1) L. 14. § 1. liv. IV. xxx au Cod. *de non numeratâ pecuniâ.*

leur peut user des deux voies qui lui étaient précé-
demment ouvertes, c'est à dire, la voie d'exception,
et la voie d'action par *condiction*, mais encore il a un
moyen de rendre son exception perpétuelle. C'est ce
que nous dit formellement Justinien (1). Il suffira que
le débiteur, dans l'intervalle des deux ans, ait signifié
par écrit au créancier sa plainte pour défaut de numération, et, en cas d'absence de ce dernier, qu'il ait fait
cette signification aux magistrats du lieu, au *judex
ordinarius*, à Rome, et *aux recteurs* ou *défenseurs des
provinces*, partout ailleurs ; et par cela seul, son exception deviendra perpétuelle.

3° Nous avons vu quels étaient ceux qui, avant
Justinien, pouvaient opposer l'exception. Ainsi, le mandant, le fidéjusseur et les héritiers du débiteur pouvaient l'opposer. Il en est de même sous Justinien :
seulement, l'empereur étend cette faveur aux créanciers de celui auquel elle est accordée par la loi (2).
Ainsi, les créanciers de celui qui a souscrit une obligation pour argent prêté, peuvent opposer l'exception
aux autres créanciers de leur débiteur, soit qu'étant
eux-mêmes en possession des biens de ce dernier, ils
soient actionnés directement, soit qu'au contraire ils
agissent eux-mêmes contre les créanciers en possession.
Et on ne pourra leur opposer, ni le silence du débiteur
à cet égard, ni même la chose jugée contre lui, en ce
sens que son exception aurait été repoussée judiciaire-
ment, à la seule condition pour les créanciers de la
proposer dans les délais.

4° Enfin, une innovation bien importante fut encore

_____

(1) L. 14. § 4. *de non numeratâ pecuniâ.* — (2) L. 13. idem.

introduite par Justinien. Il crut devoir étendre jusqu'à la *non numeratæ* l'application d'un principe général que nous rencontrons à toutes les époques de la législation Romaine. Je veux parler de la peine infligée aux plaideurs téméraires.

C'est à ce principe, en effet, que se rattache l'action de la loi *per sacramentum*, qui consistait dans la consignation d'une somme de la part de chaque partie, et qui était perdue pour celle qui succombait ; puis la *sponsio*, sorte de gageure qui avait remplacé, sous le système formulaire, l'*actio sacramenti* ; et plus tard enfin, les peines de la plus pétition contre le demandeur, et les peines du double, du triple, du quadruple dans certains cas contre le défendeur qui avait contesté de mauvaise foi la demande, *adversus inficiantem*.

Eh bien ! ce fut ce principe que Justinien étendit à notre exception par sa Novelle 18, chap. 8 et 9. Après avoir rappelé l'origine de la loi qui soumettait à la peine du double l'homme de mauvaise foi qui se rendait coupable de désaveu ; après avoir dit que cette loi était tombée en désuétude par excès de clémence, l'empereur ajoute : *Quamobrem etiam nobis necessarium visum est indecentes et turpes abnegationes præditæ penæ subjicere. Sic enim protulerit aliquis scripturam, alter autem eam negaverit ; cum hæc litteras ejus habeat, ità ut necessitatem patiatur actor causas pati circà probationem ejus ; aut litteras quidem suscipiat, dicat autem, non solutum debitum sibi, et probaverit hoc legitimis modis actor : condemnationem adversus eum duplicem in utroque casu fieri sanciamus.*

Les innovations que nous venons d'énumérer sont générales, c'est à dire relatives à tous les cas d'applica-

tion de l'exception *non numeratæ*. Justinien introduisit
encore quelques modifications particulières qu'il nous
reste à faire connaître.

L'expérience avait prouvé que l'extension de l'exception *non numeratæ pecuniæ* à tous les écrits qui supposaient une numération, quoique bonne en soi, présentait dans certains cas de graves inconvénients, en ce
qu'elle ouvrait une voie à la mauvaise foi. Ce fut pour
enlever ce funeste aliment aux plaideurs (*litigatores*)
qui, comme le dit J⋯ alon, *talem exceptionem ap-
ponere conantur*, que l'empereur l'écarta dans certains
cas d'une manière absolue, et dans d'autres, la ren-
ferma dans les limites d'un très bref délai (1).

1° Ainsi en ce qui touche les écrits constatant le dépôt d'un *certæ pecuniæ vel certarum rerum*, il déclara
formellement l'exception non opposable, *nullam exceptionem non numeratæ pecuniæ penitùs opponi* (2). Cela
tient à la faveur toute particulière dont a été entouré
dans toutes les législations, et notamment en Droit romain, le dépôt. Cette faveur allait jusqu'au point qu'on
ne pouvait opposer au déposant ni *compensatio*, ni *de-
ductio*, ni *retentio*. C'est là un acte de confiance qui
suppose de la loyauté de part et d'autre. La fraude en
est censée bannie; et lorsqu'un écrit qui constate
l'existence du dépôt a été rédigé, il y a une présomption puissante qu'il est vrai et sincère; et si la fraude
vient à surgir, ce sera plutôt après la confection du
contrat, alors que le dépositaire se voyant obligé de
restituer l'objet donné en dépôt, sera tenté de nier le
contrat, afin de se l'approprier. Non seulement donc

(1) L. 14. § 1. *de non numeratá pecuniá.* — (2) Idem.

les raisons qui justifient l'application de l'exception
n'existent pas ici, mais encore il y aurait danger de permettre de l'opposer à cette espèce d'écrit.

Tels sont les motifs qui suggérèrent à Justinien la disposition précitée.

Il n'en serait pas de même, nous dit Cujas, de la
quittance de la part du déposant constatant la reddition
du dépôt. Ici, en effet, il n'y a pas les mêmes raisons
de faveur que dans le cas précédent; car c'est du côté
du déposant et non du côté du dépositaire qu'est dirigé
l'intérêt de la loi. Or, l'exception ici serait favorable
au dépositaire. D'un autre côté, ce n'est plus de la formation du contrat de dépôt dont il s'agit, c'est d'un
acte tout opposé, la reddition de l'objet déposé; et on
peut dire avec Cujas que la quittance a pu être faite
dans l'espoir d'une reddition qui n'a pas été plus tard
effectuée.

2° L'empereur déclare encore l'exception absolument
inapplicable aux écrits constatant le paiement des im-
pôts publics, en tout ou en partie (*publicarum func-
tionum instrumentis, sive in solidum sive ex parte soluta
esse conscribantur.*) Cette disposition était dirigée contre
les agents du fisc, qui se servaient quelquefois de la
non numeratæ comme d'un moyen d'exaction. Ils faisaient tourner à leur profit les revenus de l'impôt, et
parvenaient, à l'aide de l'exception, à se les faire payer
de nouveau par les malheureux contribuables.

3° En dernier lieu, échapperont aussi à l'exception
non numeratæ les reconnaissances de dot faites de
nouveau par le mari après la confection de l'instrument dotal. *Illis etiam securitatibus*, dit le même texte,
quæ post confectionem dotalium instrumentorum de se-

tutá dote ex parte vel in solidum exponuntur. Nous
avons vu ci-dessus que la *cautio* faite par le mari pour
la réception de la dot rentrait dans le domaine de notre
exception, par ce motif que le mari pouvait avoir déclaré à faux qu'il avait reçu la dot, afin d'obtenir plus
facilement l'épouse qu'il désirait. Mais lorsque, dans
un acte postérieur, il a fait la même déclaration, alors
qu'il n'avait plus à craindre qu'on lui refusât une
épouse qu'il avait déjà, tout porte à croire qu'il avait
réellement reçu la dot, et, dès lors, Justinien lui refuse l'exception.

4° Il passe ensuite aux cas dans lesquels il limita
l'exception à un très bref délai. Il s'exprime ainsi :
*Super cæteris verò securitatibus quæ super privatis debitis
a creditore conscribuntur............ intrà triginta tantum-
modò dies post hujus modi securitatis expositionem con-
numerandos, exceptionem non numeratæ pecuniæ posse
objici* (1). Il s'agit des quittances privées émanées des
créanciers, constatant le paiement, en tout ou en partie, de leurs créances. Il peut arriver que le créancier
fasse un pareil écrit dans l'espoir d'être payé bientôt
après. Mais, d'un autre côté, l'empereur comprend le
danger qu'il pourrait y avoir à laisser trop longtemps
dans ce cas, aux mains du créancier, l'usage de l'exception; et, alors, il n'en permet l'emploi que pendant
trente jours, à partir de la signature de l'écrit.

L'empereur termine enfin sa constitution en disant
que, soit dans les cas où l'exception est absolument
refusée, soit dans ceux où elle n'a pas été exercée
dans les délais, le signataire de l'écrit ne pourra même

(1) L. 14. § 2. *de non numeratà pecuntà.*

pas déférer le serment à son adversaire, *nec jusjuran-
dûm offerre liceat*(1). Nous verrons ultérieurement les
inductions que l'on peut tirer de cette disposition.

5° Si, du Code, nous passons aux Novelles, nous
trouvons que Justinien fait encore une nouvelle dérogation en faveur des banquiers (2). Il en donne pour
motif les services qu'ils rendent au public, et les risques qu'ils courent dans leurs prêts. Le débiteur qui
aura signé ne pourra pas opposer l'exception *non numeratæ* au banquier. Toutefois Justinien lui réserve
le droit de déférer le serment (*hoc enim solùm ei con-
cedimus*), pourvu qu'il le défère dans le temps utile
imposé généralement à l'exception.

Il ne nous reste plus maintenant qu'à faire connaître
les dispositions particulières de la législation justi-
nienne en ce qui concerne l'exception *non numeratæ* appliquée aux écrits constatant la réception d'une dot.
Non-seulement ce prince adopta sur ce point la constitution précitée de Sévère et d'Antonin, mais encore
il lui donna plus d'extension. Ainsi, ce n'est pas seulement au mari contre sa femme ou les héritiers de
celle-ci qu'il accorda l'exception *non numeratæ*, mais
encore aux héritiers du mari, au cas où le mariage
avait été dissous par sa mort. Il l'accorda, en outre,
au beau-père, ou à ses héritiers, si, conjointement
avec son fils, il avait écrit qu'il avait reçu la dot; en
un mot, à toute personne, quelle que fût sa qualité,
qui avait fait cette même déclaration écrite, à cette
seule condition qu'elle fût intentée dans l'année, au

(1) L. 14. § 3.*de non numeratâ pecuniâ*. — (2) Novelle 136 , *de Ar-
gentariorum contractibus*.

plus tard, qui suivrait ou la mort du mari, ou celle de la femme, ou le divorce (1) (*repudium*).

Quant aux délais, l'empereur établit des règles nouvelles qui se trouvent énumérées en détail dans la Novelle 100, chap. 2.

On le voit : les innovations de Justinien portent exclusivement sur l'application de l'exception *non numeratæ* aux écrits (*instrumenta*). Ne pas se départir entièrement de la légitime défiance qu'on avait éprouvé jusqu'à lui pour les preuves écrites, et cependant leur accorder un peu plus d'autorité, tel est le double but qu'il s'était proposé, tel est l'esprit de sa législation en cette matière.

Cela nous amène à traiter de nouveau la question de savoir si, sous ce prince, le débiteur ou le signataire pouvait, dans tous les cas et dans tous les temps, opposer la *non numeratæ* en prenant sur lui le fardeau de la preuve.

Sous Justinien, les preuves écrites jouissaient d'une plus grande autorité. L'expérience a prouvé que le témoignage oral, avec ses dangers de fraude ou d'erreur, ne méritait pas toute la faveur dont il avait joui jusqu'alors. C'est ainsi qu'en matière de stipulations, Justinien décide que les écrits qui les constateront feront pleine foi, à moins qu'on ne prouve par un autre écrit ou par les témoins les plus dignes de foi l'absence de l'une des parties contractantes, pendant toute la durée du jour indiqué comme celui de la stipulation (2).

L'esprit général de la législation de Justinien au

---

(1) L. 3, au Code. *de Dote cautâ non numeratâ*. — (2) Inst. liv. III. tit. XIX. § 12.

point de vue des preuves écrites, étant ainsi bien connu, voyons si les textes ne nous en révéleront pas également l'esprit sur la question spéciale qui nous occupe.

Dans le *præmium* de la loi 14 ci-dessus citée, l'empereur, après avoir réduit à deux ans le délai dans lequel l'exception pourra être opposée, ajoute : *Ut eo lapso nullo modo querela non numeratæ pecuniæ introduci possit.*

Dans le § 1, il dit : *Nullam exceptionem non numeratæ pecuniæ penitùs opponi.*

Des termes aussi généraux *nullo modo*, *nullam* ne peuvent signifier que l'exclusion absolue de l'exception *non numeratæ*, soit en prouvant soi-même, soit en rejetant ce fardeau sur l'adversaire.

Mais le § 3 est bien plus décisif. Il est ainsi conçu : *In quibus non permittitur exceptionem opponere vel ab initio vel post taxatum tempus elapsum, in his nec jusjurandum offerre liceat.* Voilà Justinien qui dans cette situation enlève au débiteur le droit même de déférer le serment à son créancier. Mais à *fortiori*, il lui enlève implicitement celui de prouver lui-même la non numération. Car le serment est la dernière planche de salut laissée à un débiteur auquel tous les autres moyens font défaut : c'est un secours pour ainsi dire désespéré, puisqu'il consiste à faire dépendre l'issue du procès de la bonne ou de la mauvaise foi du créancier. Et cependant, dans notre hypothèse, ce moyen extrême lui est enlevé. Comment admettre qu'il lui reste encore la preuve de la non numération? Concluons donc en disant que Justinien a voulu donner pleine foi à un écrit, lorsqu'il est resté à l'abri de toute attaque dans les délais où il était si facile de l'infirmer.

Il a vu dans ce long silence, non seulement une déchéance du droit d'opposer l'exception, mais encore
une reconnaissance tacite de la numération des espèces,
une présomption en faveur de la sincérité de l'écrit
contre laquelle il n'a pas cru devoir permettre la preuve
contraire.

C'est dans cette autorité accordée aux écrits constatant des *mutuum* (les délais une fois expirés sans qu'aucune plainte ait été formulée), que l'empereur fait con-
sister son nouveau contrat *litteris* (1). Mais il suffit du
plus simple examen pour s'assurer que ce que Justinien
appelle *contrat litteris* n'a aucun des caractères de l'ancienne obligation littérale. Ce prince suppose tout simplement une *cautio* qui n'a été l'objet d'aucune contes-
tation pendant les deux ans accordés au débiteur pour
se plaindre, et c'est à cette *cautio* qu'il donne le nom
d'obligation *litteris*. *Sic fit ut et hodie, dùm quæri non
potest, scriptura obligetur, et ex eâ nascitur condictio.* Et
il a le soin d'ajouter : *cessante scilicet verborum obligatione,* pourvu que l'écrit ne serve pas à prouver une
stipulation, sans quoi l'action naîtrait de l'obligation
verbale ; et non d'une obligation littérale.

Mais de deux choses l'une : ou le *mutuum* que suppose la *cautio* a eu réellement lieu, ou il n'a pas eu lieu.
S'il a eu lieu, c'est à dire, si la *cautio* est sincère, c'es
du *mutuum* que naît l'action, sans qu'il soit besoin de
créer toute autre obligation; car le *mutuum* donne
bien naissance à la *condictio.*

Si le prêt n'a pas eu lieu, à la vérité après l'expiration des deux ans, la même action, la *condictio* est bien

(1) Inst. lib. 3. tit. 21. *de Litterarum obligatione.*

accordée au créancier; mais cette action provient,
comme dans le premier cas, du *mutuum*. En effet, si
en fait, il n'a pas été accompli, il existe légalement.
Après l'expiration des délais, la loi suppose que la numération des espèces a eu réellement lieu ; et dès lors,
elle édicte ses dispositions conformément à cette hypothèse.

Il n'est donc pas vrai de dire que la *condictio* naisse
de ce prétendu contrat *litteris*, lequel, corroboré par les
délais, sert seulement de preuve à un *mutuum*. C'est
ce *mutuum* qui donne naissance à l'action.

Si donc Justinien a mentionné cette espèce d'obligation, c'est par esprit de routine pour Gaïus, c'est
parce qu'il a voulu reproduire dans ses Institutes la division de ce jurisconsulte. Aussi, dans les Pandec-
tes, a-t-il retranché dans les écrits des jurisconsultes ,
tout ce qui concernait cette espèce d'obligation, et n'est-
il toujours question que des trois contrats réels, verbaux
et consuels.

Nous voilà arrivés à la fin de notre sujet. Nous
avons essayé d'esquisser les principaux traits de cette
exception *non numeratæ pecuniæ* qui, indépendamment
de l'importance pratique qu'elle devait avoir en Droit
romain, nous amène à cette double conclusion : 1°
que les preuves écrites jouissaient à Rome d'une très
faible autorité, et que ce n'est que peu à peu, d'abord
sous Justinien et plus tard surtout, qu'elles ont acquis
l'importance qu'on leur reconnaît aujourd'hui; 2° que
le genre de fraude que l'exception avait pour but de
prévenir était très fréquent à Rome, et qu'il s'y maintint pendant longtemps.

DROIT FRANÇAIS.

Du transfert de la propriété par l'effet des conventions.

NOTIONS HISTORIQUES.

Droit romain. — Ancien Droit français. — Jurisprudence intermédiaire.

Méconnaître la noble prépondérance de la volonté humaine, matérialiser pour ainsi dire la pensée, assujettir les actes juridiques à des formes symboliques, afin de mieux arriver à l'esprit en impressionnant profondément les sens; tel est l'esprit de toutes les civilisations naissantes; tel fut surtout celui de la législation romaine.

Le seul consentement insuffisant, au moins dans la plupart des cas, pour créer des liens juridiques entre deux personnes, était à plus forte raison insuffisant pour opérer le transfert de la propriété. La prononciation de paroles sacramentelles était nécessaire pour donner naissance à l'obligation, et celle-ci une fois formée, dans la convention de donner, par exemple, le créancier n'avait qu'un droit personnel contre le débiteur pour en réclamer l'exécution. C'est ce que nous apprend le jurisconsulte Paul, en ces termes : *Obligationum substantia non in eo consistit, ut aliquod corpus nostrum, aut servitutem nostram faciat, sed ut alium nobis obstringat ad dandum aliquid vel faciendum* (1).

Le droit réel continuait à résider sur la même tête, et le créancier ne pouvait devenir propriétaire que par

_____

(1) L. 3. tit. 7. liv. 44. Dig.

une prise de possession, comme symbole de cette possession ou occupation primitive d'où est née la propriété elle-même.

Mais au lieu d'appliquer à tous les cas la *tradition*, comme le mode le plus simple et le plus naturel, le Droit romain exigeait pour l'acquisition de la propriété romaine *dominium quiritarium* sur certaines choses, généralement les plus précieuses, un symbole tout particulier, avec des formules consacrées et l'assistance publique d'un certain nombre de citoyens. C'était la *mancipatio* et la *cessio in jure* (1). Dans ces cas, la tradition était impuissante pour conférer la véritable propriété romaine; elle mettait seulement la chose dans les biens de l'acquéreur, *in bonis*, espèce de propriété purement nominale qu'on a appelée *domaine bonitaire* et qui ne jouit à Rome que de très rares faveurs, toutes acquises à force de tiraillements opérés par le Droit Honoraire.

Cette distinction entre les choses *mancipi* et *nec mancipi*, le *domaine quiritaire* et le *domaine bonitaire*, s'affaiblit peu à peu à mesure que le droit des gens pénétra dans les institutions romaines; elle finit par tomber en désuétude, en sorte qu'elle était déjà abrogée de fait, lorsque Justinien l'abrogea textuellement (2). — Dès lors la tradition devient d'une application générale. Le droit des gens a pris la place du vieux Droit romain. Les règles relatives au transfert de la propriété se sont pour ainsi *humanisées*. Mais d'où vient qu'elles ne se sont pas encore *spiritualisées*, comme celles relatives à la formation des obligations? D'où vient que le

(1) Gaius, 2. § 22 et suivants. — (2) Cod. 7. 31.

même empereur qui avait reconnu au seul consentement la puissance de créer des droits personnels, lui
ait aussi formellement refusé celle de transférer les
droits réels, *non nudis pactis, sed traditionibus, dominia
rerum transferentur* (1)?

Cela tient à la manière dont les jurisconsultes con-
cevaient ces deux espèces de droits. Dans l'obligation,
seule la personne qui s'engage est le sujet passif du
droit, et, dès lors, sa volonté doit être suffisante pour
le créer. Dans le droit réel, la chose se trouve immédiatement liée au propriétaire, sans l'intermédiaire
d'aucune personne qui en soit individuellement le sujet passif; ou plutôt toutes les personnes sont à la
fois sujets passifs, en ce sens que chacune est obligée
de le respecter. D'où ils avaient conclu que le simple
accord des parties était impuissant pour le transférer,
et qu'il fallait y ajouter un fait extérieur connu ou
censé connu de la société tout entière, *la tradition*.

Ce principe ne souffrait pas d'exception, même pour
la transmission des droits d'usufruit et de servitude
que les Romains avaient appelés incorporels, et comme
tels non susceptibles de tradition. Ils se transmettaient
usu et patientiâ, et cela tenait lieu de tradition (2).

Cependant lorsque l'acquéreur se trouvait, d'une
manière quelconque, en possession de la chose au
moment de la convention, la tradition réelle devenait
inutile, et la mutation s'opérait de plein droit, c'est
à dire par ce qu'on a appelé une tradition de brève-
main, *brevi manu traditione*.

De même, en matière de donations, on admettait

---

(1) L. 20. Cod. *de Pactis*. 2. 3. — (2) L. ult. Dig. *de Servitutibus*.

tine espèce de tradition fictive, résultant, par exemple, de ce que le donateur s'était réservé l'usufruit de la chose donnée. Mais, d'un autre côté, ces sortes d'actes (ceux du moins qui avaient pour objet une valeur de plus de 200 solides d'après une constitution de Constantin, portée à 500 par la constitution de Justinien)(1), étaient soumis à une formalité particulière, *l'insinuation*, espèce de transcription sur un registre public, sans laquelle la propriété continuait à résider sur la tête du donateur.

C'était dans l'intérêt des tiers, qui auraient pu être victimes d'une donation occulte, que ce mode de publicité avait été introduit. Et chose étrange! en matière de constitution d'hypothèque que les tiers sont si intéressés à connaître, puisqu'à vrai dire, l'hypothèque ne s'exerce que contre eux, on admettait que le droit pouvait naître de la simple convention écrite ou non écrite, avec cette seule réserve que le créancier, muni d'un titre signé par trois témoins dignes de foi, serait toujours préféré aux autres(2).

L'usage de la tradition fictive avait porté une légère atteinte à la maxime : *non nudis pactis*, etc. L'introduction de ce que l'on a appelé la fiction du *constitutum possessorium*, admise pour quelques cas seulement par les jurisconsultes romains, lui en porta une plus grave. On distingua le fait de la *détention* de *l'animus possidendi*. Et de même que par la tradition de brève-main, il suffisait que l'acquéreur eût la première pour que la seconde lui fût acquise; de même par le *consti-*

(1) L. 35, au Code. *de Donationibus.* — (2) L. 4. Dig. *de Pig.* — L. 11. *qui pot.*

tulum possessorium le *jus possidendi* se convertissait chez celui qui l'avait en simple détention, et le droit de possession passait ainsi à l'acquéreur(1). C'est cette fiction, assurément bien remarquable, qui a servi de fondement à l'innovation française dont nous parlerons dans la suite (2).

Nous arrivons au moyen-âge, à cette époque que Vico appelle les temps barbares revenus. Ici, le Droit fait pour ainsi dire un retour sur lui-même.

La tradition n'est plus un moyen de transfert assez solennel ; nous voyons les formes symboliques de l'ancienne mancipation romaine renaître pour ainsi dire dans la transmission *per glebam per cespitem* faite en présence de témoins, soit sur les lieux, soit au pied des autels.

Cet état de choses se maintint jusqu'au XIIe siècle, époque de la découverte des monuments du Droit romain. Alors les principes de Justinien sur la transmission de la propriété passèrent dans la législation de tous les peuples de l'Europe, et partant dans l'ancien Droit français. C'est ce qui résulte des écrits de tous nos anciens auteurs, et notamment de Pothier qui nous dit : *Dans l'obligation de donner, le droit qu'a le créancier n'est pas un droit dans la chose, jus in re ; ce n'est qu'un droit contre la personne du débiteur pour le faire condamner à donner cette chose, jus ad rem. La chose que le débiteur s'est obligé de donner continue de lui appartenir jusqu'à la tradition. De là plusieurs conséquences : entre plusieurs créanciers d'un corps certain, celui qui le*

---

(1) L. 18, pr. *de Poss.* —(2) Voir Savigny, *Traité de la possession,* § 27.

premier en a été mis en possession, en devient définitivement propriétaire, sans égard à la priorité de date
des titres (1). Dans cette situation, il ne restait au créancier premier en date que le recours de l'action Paulienne,
recours toujours si difficile et si incertain, pourvu encore
qu'il se trouvât dans un des cas où elle était accordée.

De même, nous dit Pothier, si le débiteur a légué la
chose qu'il s'était obligé de donner et qu'il meure, il
aura par sa mort transféré la propriété au légataire, suivant la règle: *dominium rei legatæ statim a morte testa-
toris transit a testatore in legatorium*. Ici, le fait de la mort
qui a dessaisi le défunt est aussi patent que la tradition,
et a suffi pour investir le légataire.

Le débiteur devenait-il insolvable avant la mise en
possession du créancier, celui-ci n'ayant aucun droit
de préférence, ne venait qu'au marc le franc avec les
autres créanciers chirographaires, sans distinction aucune de la date de leurs créances.

En présence de ces conséquences souvent iniques,
les jurisconsultes cherchèrent par tous les moyens pos-
sibles à éluder les effets d'un principe qu'ils n'osaient
point abolir directement. Généralisant l'usage de la tradition fictive et du constitut possessoire des Romains,
ils introduisirent dans l'obligation de donner, certaines
clauses appelées clauses de *précaire* et de *constitut*, de
dessaisine-saisine. Les premières consistaient en ce que
le vendeur déclarait posséder désormais l'objet vendu
au nom et pour le compte de l'acquéreur. La dernière
consistait dans la déclaration exprimée dans l'acte, que
les parties considéraient la tradition comme faite. Celle-

_____

(1) Loi *Quoties* au Code *de rei vindicatione*.

et n'était admise que par la Coutume d'Orléans, art. 278.
Et pour qu'elle fût valable, il fallait non seulement
qu'il s'agît d'héritages situés dans le territoire de cette
Coutume, mais il fallait encore, selon Dumoulin, que
l'acte y eût été passé, *dummodò sit facta Aureliæ;* et il
ajoute: *se sicùs de terris sitis Parisiis.* Ces sortes de
clauses devinrent très fréquentes dans l'ancienne pratique, et par là la tradition dut perdre beaucoup de son
importance (1).

Cependant elles ne furent pas unanimement adoptées.
Certaines Coutumes attachées au principe que la propriété, droit en quelque sorte public, ne peut pas être
conférée par un mode occulte, introduisirent, dans
l'intérêt des tiers, la formalité du nantissement. Là,
ce n'était pas la tradition, mais la transcription du
contrat d'aliénation au greffe de la justice locale qui
consommait le transfert du droit réel. Ce régime de
publicité, dont l'origine était féodale, était suivi dans
quelques-unes de nos provinces du Nord et dans une
grande partie de l'Europe septentrionale, et était dé-
signé aussi, selon les localités, par les expressions de
*saisine, dessaisine, adhéritance, déshéritance, mise de
fait, œuvres de loi, devoir de loi,* etc.

Le nantissement ne s'appliquait pas seulement au
droit de propriété; il s'appliquait encore aux autres
droits réels, tels que les servitudes, l'usufruit et même
à l'hypothèque. Ainsi, pendant que l'hypothèque clan-
destine était reçue dans la majeure partie de la France,
puisque aux termes de l'Ordonnance de 1559, elle
résultait de plein droit de toute convention passée

(1) Pothier, *Vente*, n° 313, 321 et suivants.

devant notaire, le système de la publicité était pratiqué dans certaines Coutumes et certains pays.

Pendant plusieurs siècles, ces deux systèmes, celui de la tradition feinte d'un côté, celui des formalités du nantissement de l'autre, fonctionnèrent simultanément. Cependant les inconvénients de la clandestinité avaient déjà frappé les esprits. On sentait qu'il était dangereux de conférer un droit absolu dont on pourra se prévaloir vis à vis de tout le monde, au moyen d'un acte secret. Les meilleurs jurisconsultes réclamaient la publicité. Aussi, en 1581, Henri III essaya-t-il par un Edit d'établir dans toute la France le système de la publicité. *Tout contrat*, porte cet édit, *contenant vente, transport ou obligation de plus de 5 écus..... sera contrôlé et enregistré sur un registre spécial, faute de quoi, on n'acquerra point droit de propriété ou d'hypothèque.* Cette tentative ne réussit pas, et les anciens principes reprenant leur empire, l'Edit fut révoqué quelques années après, en 1588.

Un essai analogue tenté par Colbert en 1673 n'eut pas plus de succès.

Parut ensuite l'édit de 1771. Son objet fut la purge hypothécaire dont il organisa les formalités au moyen des *lettres de ratification.* Loin d'être favorable au système de la publicité, il abolit au contraire le nantissement en matière de constitution d'hypothèque dans les pays où il était pratiqué.

Malgré toutes ces tentatives infructueuses, la translation de la propriété à l'aide d'une tradition fictive, c'est à dire par un mode occulte, continua d'être le droit commun de la France. Toutefois, la formalité de l'insinuation que nous avons vu naître dans le Droit

romain, s'était maintenue à l'égard des actes de donation. L'ordonnance de 1731 en avait fait une forme essentielle à la validité de la donation, même *inter partes*,
quoique, depuis l'ordonnance de 1566, elle ne fût
plus qu'une formalité extrinsèque, exigée seulement
dans l'intérêt des tiers intéressés à connaître la donation.

Il était réservé à la Révolution Française de conti-
nuer, en la perfectionnant, l'œuvre tentée par Colbert.
Après quelques lois de courte durée à la vérité, mais
qui dénotent que le système de la publicité était dans
les mœurs de l'époque, parut la célèbre loi du 11 brumaire an VII. Cette loi, protectrice des grands intérêts
sociaux que compromettaient chaque jour les transmissions clandestines, étendit à toute la France le système des coutumes de nantissement, en substituant
seulement aux anciennes formalités prescrites par ces
coutumes, *la transcription*, c'est à dire la copie littérale de l'acte d'acquisition sur un registre public. Cette
formalité était exigée pour *tous biens et droits susceptibles
d'hypothèque* (art. 26 et 28), de sorte qu'elle ne parais-
sait pas s'appliquer à certaines charges foncières, telles
que les droits de servitude qui ne sont pas susceptibles
d'hypothèque. On est surpris de rencontrer une pareille
exception là où les hautes raisons de confiance et de
sécurité sociales ne réclament pas moins énergiquement l'application du principe. En dehors de ce cas,
l'innovation est générale et absolue.

C'est par la transcription seule que la propriété et
les autres droits réels seront transférés à l'égard des
tiers. Entre deux acquéreurs consécutifs, celui-là sera
propriétaire, qui aura le premier fait transcrire son

titre, bien que la date de son acquisition soit postérieure. Un créancier auquel son débiteur aura consenti
hypothèque depuis la vente faite à un tiers, et qui
aura pris inscription avant la transcription, pourra opposer son hypothèque à l'acquéreur, sauf dans tous les
cas le recours de ce dernier contre son vendeur.

La loi de brumaire s'appliquait aux aliénations à titre
gratuit aussi bien qu'à celles à titre onéreux. Pour les
unes comme pour les autres, la transcription était indispensable; en sorte qu'appliquée aux donations, elle
faisait double emploi avec l'insinuation que la loi de
brumaire n'avait point supprimée, et qui ne fut abolie
que par le législateur de l'an XII. Peu importait que la
première aliénation en date fût une vente, et la seconde une donation. Si le donataire avait le premier
fait transcrire son titre, la mutation s'était opérée en sa
faveur. Tous les recours que l'acheteur pouvait exercer
contre son vendeur, et même en cas d'insolvabilité
de ce dernier, celui de l'action Paulienne contre le
donataire, dérivaient d'autres principes, et ne faisaient
nullement exception aux règles concernant la priorité
de la transcription.

Tel est l'esprit de cette loi du 11 brumaire an VII
qu'on a considérée à juste raison comme l'une des bases
du crédit foncier. La seule chose qui vienne en affaiblir
le mérite, c'est le but fiscal qu'elle s'était proposé en
établissant un droit d'un franc et demi p. 0|0, dit droit
de transcription.

CHAPITRE PREMIER.

Du transfert de la propriété entre les parties.

SECTION PREMIÈRE.

Innovation du Code — Abolition de la Tradition (Art. 711-1138-1583) ;
Obligations accessoires (Art. 1136-37-1182-1245-1139).

Tel était l'état du Droit, lors de la rédaction de notre
Code. Les actes d'acquisition, pour être opposables aux
tiers, devaient être soumis à la formalité de la transcription: entre les parties, la tradition était toujours
nécessaire pour opérer la mutation. Mais une révolution se prépare dans les institutions juridiques. La volonté humaine revendique sa véritable puissance. L'intelligence va remporter sur la matière une victoire à
jamais durable. Les idées sur la propriété se sont per-
fectionnées. La possession a été considérée comme un
droit entièrement distinct du droit de propriété; d'où
la conséquence qu'il n'est pas nécessaire d'avoir le
premier pour acquérir le second. C'est ce qu'avait depuis
longtemps démontré Grotius qui disait que d'après le droit
naturel la tradition n'était pas nécessaire pour transférer la
propriété (1). D'un autre côté, l'usage de la tradition fictive, à l'aide des clauses de constitut, de précaire etc.,
avait tellement ébranlé le principe romain, qu'il n'avait
plus qu'une existence pour ainsi dire *nominale*. L'innovation était donc déjà accomplie tant dans le monde des
idées que dans le monde des faits, et il ne manquait
plus que de la faire passer dans la loi: c'est ce qui arriva. Il était réservé au Code Napoléon de sanctionner

_____

(1) *De jure pacis et belli*, liv. 2. c. 12. n° 15.

l'œuvre des philosophes. Désormais les clauses de tradition feinte seront sous-entendues, et la mutation
aura lieu de plein droit. C'est ce qui résulte de ces paroles de Portalis : *il s'opère par le seul effet du contrat
une sorte de tradition civile qui consomme le transfert de
la propriété.* Ainsi, comme le dit élégamment M. Troplong (1), la volonté supplée au fait, ou pour mieux
dire, elle est elle-même un fait moral investi d'une
vertu d'exécution, et saisissant les choses pour leur
imprimer le cachet de sa puissance.

L'art 711 range les conventions au nombre des
moyens d'acquérir la propriété, et l'art 1138 dit en
termes exprès : que dans l'obligation de donner, l'obligation de livrer la chose est *parfaite* par le seul consentement des parties contractantes. Comment interpréter ce mot *parfaite*, sinon en ce sens qu'elle est
accomplie, consommée? Cela résulte clairement des
dispositions finales des art. 938 et 1583 en matière de
donation et de vente, où le législateur, après avoir
proclamé le même principe, ajoute dans le premier :
et la propriété des objets donnés sera transférée au
donataire, sans qu'il soit besoin d'autre tradition, c'est
à dire que cette tradition de droit suffira, et dans le second : et la propriété est acquise de droit à l'acheteur,
quoique la chose n'ait pas encore été livrée. Nous repous-
sons donc la doctrine de M. Duranton qui prétend
que le législateur a seulement entendu dire par là que
l'obligation est formée, sans qu'il soit besoin d'autre
chose que du consentement. Il nous semble impossible
d'admettre que le législateur ait édicté une disposition

(1) *Traité de la Vente.*

de loi pour nous dire que la vente est dans notre Droit un contrat consensuel, comme elle l'était en Droit romain. De plus, la place de notre article, à la suite des art. 1136 et 1137 qui, en s'occupant des effets de l'obligation de donner, en supposent nécessairement l'existence et la formation, n'achèvent-ils pas d'exclure entièrement une pareille interprétation ?

Il résulte donc des principes du Code que l'obligation de donner un corps certain reçoit son exécution dès l'instant même où elle est formée, ou plutôt qu'elle ne peut pas se former, et qu'il serait plus exact de l'appeler *la convention de donner*. Nous disons l'obligation de donner un corps certain, déterminé dans son individualité. Car, quant aux choses incertaines, comme le dit très bien Toullier, le créancier n'en devient propriétaire que lorsqu'elles sont devenues certaines, ou lorsque le débiteur les a déterminées, et à valablement fait connaître au créancier sa détermination. L'innovation du Code est générale : elle s'applique aux meubles comme aux immeubles, aux choses incorporelles comme aux choses corporelles, en un mot à tout ce qui peut faire l'objet d'une aliénation, sauf les exceptions dont nous parlerons *infrà*.

Cette innovation a cela de remarquable, qu'elle s'est glissée d'elle-même dans le Droit plutôt qu'elle n'y a été introduite. Une certaine confusion régnait dans l'esprit du législateur. Ce qui le prouve, c'est la rédaction même de l'art. 1136 où il est dit que l'obligation de donner emporte celle de livrer la chose. Par là, il semble distinguer ces deux obligations, et maintenir la nécessité de la tradition. Puis, dans l'art. 1138, il proclame que l'obligation est parfaite par le seul consen-

5

tement. Les art. 1238 et 1303 pris à la lettre, présentent une contradiction encore plus manifeste. Ainsi l'art 1238 en disant d'une manière générale que pour payer valablement il faut être *propriétaire de la chose donnée en paiement*, ne semble-t-il pas reconnaître qu'après la convention de donner même un corps certain, le débiteur reste encore propriétaire? L'art. 1303 paraît partir du même principe, lorsqu'il dit que, si la chose a péri sans la faute du débiteur, il est tenu, s'il a quelques droits ou actions en indemnité par rapport à cette chose, *de les céder à son créancier.*

Cela prouve que le législateur n'avait pas longtemps réfléchi à l'étendue de son nouveau principe, et qu'au moment où il rédigeait nos articles, qu'il reproduisait de Pothier, il l'avait presque perdu de vue.

Quoi qu'il en soit, le principe est incontestable; et il est certain que la mutation s'est opérée à l'instant même de l'accord des volontés. Mais ce n'est là qu'une saisine de droit, qui doit nécessairement être suivie d'une saisine de fait, ce qui entraîne, pour le débiteur, l'obligation d'effectuer la livraison. Le créancier a, pour l'y contraindre, une double action : 1° l'action personnelle résultant de toute convention, et l'action réelle, en sa qualité de propriétaire; ou plutôt de la fusion de ces deux actions naît une action toute particulière, à la fois réelle et personnelle que les jurisconsultes modernes ont appelée action *mixte*, quoiqu'elle ne rentre nullement dans la classe de celles qui étaient connues sous cette dénomination dans le Droit romain.

Mais un intervalle plus ou moins long s'écoulera, le plus souvent, entre le moment de l'obligation et celui

de la livraison. Pendant ce temps, aux risques de qui
sera la chose? Même sous l'empire des anciens principes, on décidait que les risques étaient à la charge
du créancier, par application de la maxime : *debitor
certæ rei interitu liberatur*. A plus forte raison, la même
décision doit-elle être suivie aujourd'hui, alors que le
créancier est propriétaire au moment de la perte : *res
perit domino*. D'où la conséquence que, dans la vente,
par exemple, la perte de la chose vendue avant la livraison ne dispenserait pas l'acheteur de payer son
prix. En vain objecterait-il que la cause de son obligation étant l'acquisition de la chose, son obligation
est nulle faute de cause. On répondrait victorieusement
que déjà l'acquisition s'était réalisée, puisque, par le
seul effet de la convention, le créancier était devenu
propriétaire. Même sous l'empire des anciens principes, où la question devait nécessairement présenter
plus de difficultés, Pothier la résolvait dans le même
sens; et il en donnait cette raison : que la cause de
l'obligation de l'acheteur était l'obligation du vendeur,
et non l'exécution de cette obligation.

La même raison de décider s'appliquerait aux obligations à terme, parce que, dans ces sortes d'obligations, le droit est fixé *ab initio*, et l'exécution seule
se trouve suspendue. Aussi, sans nous arrêter sur
l'inexactitude de rédaction de l'article 1138, nous di-
rons, avec tous les commentateurs, que ces mots : *dès
l'instant où elle a dû être livrée*, signifient : dès l'instant
où la tradition *légale est faite*, c'est à dire dès l'instant de la convention.

Ces principes ne sont point applicables aux ventes
conditionnelles. En effet, jusqu'à l'accomplissement de

la condition, le vendeur continue à être propriétaire.
Il perçoit les fruits; il peut même vendre à un second
acquéreur. Sans doute tous les droits qu'il aura établis
seront résolus rétroactivement, lors de la réalisation
de la condition; mais si, à ce moment, la chose a cessé
d'exister, l'obligation ne pourra point naître, faute
d'objet. D'où la conséquence que la perte de la chose
sera pour le compte du vendeur.

Tout ce que nous venons de dire s'applique au cas
où la perte est arrivée par cas fortuit ou force majeure.
Mais il en est tout autrement si le débiteur est en
faute.

Nous voilà donc amenés à examiner rapidement la
théorie de la prestation des fautes. Nous n'entrerons
pas dans les discussions longues et difficiles auxquelles
a donné lieu la question de savoir quelle était la division des fautes en Droit romain. Nous considérerons
comme désormais acquis à la science, grâce aux re-
marquables travaux de M. Ducaurroy (1), que la clas-
sification de Pothier n'a jamais existé en Droit romain.
Ce système, qui présentait trois degrés de fautes : la
faute *grave*, la faute *légère*, et la faute *très légère*,
recevait, de l'aveu même de Pothier, tant d'exceptions, qu'il devenait presque impraticable, à force de
subtilité et de symétrie. Aussi n'était-il pas resté à
l'abri des attaques, même dans l'ancien Droit. Et Le-
brun avait prouvé que les lois romaines ne distin-
guaient que deux espèces de fautes : 1° la faute grave,
quæ dolo æquiparatur; 2° la faute légère considérée tantôt *in abstracto*, tantôt *in concreto*. Voulons-nous savoir

(1) Inst. tom. II. n° 1068 et suivants.

lequel de ces deux systèmes est passé dans notre Code?
Écoutons M. Bigot de Préameneu, parlant de la classi-
fication de Pothier : « Cette division des fautes est plus
ingénieuse qu'utile dans la pratique. La théorie par
laquelle on divise les fautes en plusieurs classes, sans
pouvoir les déterminer, ne peut que répandre une
fausse lueur, et devenir la matière de contestations
plus nombreuses. »

C'est à la suite de ces paroles que fut porté l'article 1137, ainsi conçu : *l'obligation de veiller à la con-*
servation de la chose, soit que la convention n'ait pour
objet que l'utilité de l'une des parties, soit qu'elle ai
pour objet leur utilité commune, soumet celui qui en est
chargé à y apporter tous les soins d'un bon père de famille.
Ainsi se trouve établie, pour tous les cas, la théorie
de la faute légère *in abstracto*, dans le sens de la
loi romaine : *homo diligens et studiosus pater familias;*
sans que le débiteur puisse s'excuser des fautes qu'il
a commises, en se prévalant de la négligence qu'il met
ordinairement à ses propres affaires. Néanmoins, ainsi
que le dit avec tant de raison M. Zachariæ, on ne
peut exiger de lui plus de soins qu'il n'est capable
d'en apporter, d'après le degré de son intelligence :
Nulla impossibilium est obligatio. Sous ce rapport, mais
sous ce rapport seulement, la diligence doit être ap-
préciée *in concreto*.

Mais le second paragraphe de l'article 1137 semble
bouleverser entièrement le premier. Il s'exprime ainsi : *Cette obligation est plus ou moins étendue, relative-*
ment à certains contrats, dont les effets, à cet égard, sont
expliqués sous les titres qui les concernent. Ce paragraphe
nous rejette dans le vague et semble faire renaître la

question de savoir si le contrat est ou n'est pas à l'a-
vantage exclusif de l'une des parties. Cela prouve, à
notre avis, combien il est difficile d'établir un tarif *à
priori* en cette matière, et quelle latitude on doit laisser à l'appréciation du juge.

Toutefois, nous sommes loin d'admettre l'opinion
de Toullier, qui prétend qu'en principe, le Code a
entendu mettre à la charge du débiteur la faute très
légère. Ce jurisconsulte a confondu la faute *contractuelle* avec la faute en matière de *quasi-délits*. Il existe
cependant une grande différence entre elles : en matière de quasi-délits, il n'a existé entre les parties aucun rapport d'où l'on puisse induire le plus ou moins
de responsabilité à laquelle elles ont entendu se soumettre. Dans cette situation, et alors qu'il y a un préjudice que quelqu'un doit définitivement supporter, il est
raisonnable de le mettre à la charge de l'auteur du fait
dommageable, quelque légère que soit la faute qu'il a
commise. Mais dans les contrats où les parties se sont
connues, et où elles se sont inspirées une confiance
mutuelle, la loi présume avec raison qu'elles ne se
sont demandé qu'une vigilance et une prudence com-
munes à la plupart des hommes. Ajoutez à cela que la
faute contractuelle consiste non seulement dans les faits
de *commission*, comme la faute Aquilienne, mais encore
dans les faits d'*omission*; et dès lors, on comprend que
les occasions de tomber en faute étant plus nombreuses
et plus faciles, l'appréciation en soit plus indulgente.

Il peut arriver que le débiteur soit tout à fait étranger à la perte de la chose et qu'elle soit cependant à sa
charge : c'est lorsque la perte est arrivée pendant qu'il
était en demeure de la livrer, en vertu de la règle :

qui in mórd est culpá non vacat. Mais dans quel cas le débiteur sera-t-il constitué en demeure? En Droit romain, lorsque dans l'obligation pure et simple on n'avait pas fixé de terme pour le paiement, la mise en demeure ne résultait que d'une interpellation judiciaire. Mais lorsqu'un terme avait été fixé, la mise en demeure résultait de la seule échéance du terme : *Dies interpellat pro homine.*

Ce système, il faut le dire, péchait par trop de sévérité, puisqu'il faisait retomber sur le débiteur les effets d'un retard qui n'était souvent occasionné que par la négligence ou la complaisance du créancier. Aussi fut-il absolument rejeté par notre ancienne jurisprudence, qui décida que dans l'un et dans l'autre cas, le débiteur ne serait censé mis en demeure que par une interpellation judiciaire valablement faite (1). Son esprit de réaction contre le système romain alla même si loin, qu'elle considéra comme purement *comminatoires* les clauses dans lesquelles les parties avaient formellement convenu que le débiteur serait en demeure par la seule échéance du terme, en sorte que le juge les considérait souvent comme non avenues. C'était là protéger les débiteurs au détriment de la volonté des parties, et tomber dans l'excès diamétralement contraire à celui du Droit romain. Aussi, notre Code, suivant un système mixte, a-t-il décidé que la mise en demeure résulterait, soit d'une sommation ou d'un autre acte équivalent, soit de la *convention elle-même* (1139).

Nous devons faire observer que, suivant pas à pas

(1) Pothier, *Obligations*, 141.

les rédacteurs du Code, nous ne nous occupons dans ce chapitre que du transfert de la propriété entre les parties. Lorsqu'on adopta notre titre, on ignorait encore quel système hypothécaire prévaudrait : or, comme la question du transfert de la propriété à l'égard des tiers se rattache intimement au système hypothécaire, on ne voulut rien préjuger, et on édicta à cet effet l'article 1140, pour dire que les effets de l'obligation de donner ou de livrer un corps certain seraient réglés au titre de la vente et au titre des priviléges et hypothèques. Au titre de la vente, la question fut encore ajournée. L'article 1583 en disant que la vente est parfaite *entre les parties*, et la propriété acquise de droit à l'acheteur, à *l'égard du vendeur*, dès qu'on est convenu de la chose et du prix, confirme de plus fort notre principe, mais laisse encore indécise la question des effets à l'égard des tiers.

On a critiqué cette distinction, en disant que la transmission de la propriété entre les parties est une espèce de subtilité théorique, *idola fori*, comme la qualifie M. Bonnier (1), dont il est impossible de comprendre l'utilité. Cette critique est, à notre avis, complètement injuste. En effet, lorsque la loi restreint entre les parties les effets d'une transmission de propriété, elle n'a d'autre but que de sauvegarder les tiers contre les effets des transmissions clandestines : c'est donc dans leur unique intérêt qu'elle dispose. Or, il est de principe que, lorsque quelqu'un a le droit de se soustraire aux effets d'un acte, il peut ne pas user de ce droit, c'est à dire invoquer cet acte, s'il le croit favorable à ses inté-

(1) *Revue de Législation.*

rêts. Cela posé, supposons un acte de donation d'immeubles qui, ainsi que nous le verrons *infrà*, n'est opposable aux tiers qu'après la transcription. Avant l'accomplissement de cette formalité, les parties résolvent la donation de leur consentement mutuel. Sous l'empire des anciens principes, la résolution aurait été complète, absolue, et aurait remis les parties, à l'égard de tout le monde, dans le même état qu'avant la donation. *Nihil tàm naturale est, quam eò genère 'quidquid dissolvere quo colligatum est* (1). Au contraire, par l'effet du nouveau principe, il suffit que le donataire ait été propriétaire un instant de raison, pour que ses créanciers qui avaient des hypothèques légales ou judiciaires sur ses biens à venir, aient vu leur droit affecter irrévocablement l'immeuble donné ; en sorte qu'aucune convention postérieure émanant du donateur et du donataire ne pourra leur être opposée.

Cet exemple suffira pour démontrer que la propriété *inter partes*, quoique ne se mouvant pas dans un cercle aussi étendu que la propriété absolue, peut néanmoins avoir des effets pratiques très importants.

SECTION II.

Exception relative à la forme du consentement. (Art. 803-931-932-933).

Tout ce que nous venons de dire sur le transfert de la propriété *inter partes* par le seul consentement, sous quelque forme qu'il ait été manifesté, s'applique aux actes à titre onéreux. Mais en ce qui touche les *donations entre-vifs*, la loi exige que la volonté soit manifestée avec

(1) Dig. 50. 17. loi 35. Ulp.

certaines solennités. *Tous actes portant donation entre-vifs,* nous dit l'art. 931, *seront passés devant notaire dans la forme ordinaire des contrats, et il en restera minute sous peine de nullité.* C'est même un des actes pour lesquels la loi du 21 juin 1843 (art. 2) exige la présence effective du second notaire ou des deux témoins au moment de la lecture et de la signature de l'acte.

Les volontés qui doivent par leur concours former le contrat de donation ne sont *légalement* manifestées qu'autant que l'acte qui les renferme est conforme aux prescriptions de l'article 931. Jusques-là il n'y a point de donation, même *inter partes.* C'est la loi elle-même qui nous le dit dans l'art. 893, qui établit qu'on ne peut disposer par donation que *sous les formes prescrites* par la loi. Il s'agit donc bien là d'un contrat *solennel,* c'est à dire soumis, quant à son existence légale, à certaines formalités qu'on peut appeler *intrinsèques, viscérales,* par opposition à la qualification de *probantes* qu'elles reçoivent dans les contrats consensuels.

Les motifs pour lesquels la donation se trouve assujettie à cette solennité sont les mêmes que ceux qui existaient sous l'ancienne jurisprudence.

Les donations dérangent l'ordre légitime des successions. Souvent arrachées à la faiblesse, elles sont même quelquefois le résultat d'une cause honteuse. C'est donc avec raison que la loi a exigé la présence d'un notaire, afin que les parties, et le donateur surtout, comprissent mieux l'importance de l'acte qu'elles se proposaient de faire, et que leur consentement fût à la fois plus libre et plus réfléchi.

La loi exige en outre qu'il reste minute de l'acte de donation, pour mieux en assurer l'irrévocabilité pres-

crite par l'art. 894. Mais l'art. 932 va plus loin, et décide que la donation ne produira d'effet que du jour
où elle aura été acceptée en *termes exprès*. Comment se
fait-il qu'alors que la simple signature suffit dans un
contrat à titre onéreux pour indiquer l'acceptatation,
il n'en soit pas de même dans un contrat à titre gratuit? Il est impossible de donner aucune raison plau-
sible d'une pareille rigueur: c'est là un véritable piége
tendu à la validité des donations, et qui ne s'explique
que par l'aversion qu'inspiraient dans l'ancien Droit ces
sortes d'actes. Il nous semble qu'une telle formalité n'a
plus aucune raison d'être sous notre législation, et que
partant elle devrait en être bannie. Au reste, nous
devons ajouter que les donations par contrat de mariage en sont dispensées. — Toujours est-il que la volonté d'accepter ne peut s'induire d'aucune circonstance. Ni la présence du donataire à l'acte, ni sa
signature, ni (quoique en dise Toullier) sa mise en
possession de l'immeuble donné, aucun de ces indices
ne peut suppléer l'acceptation expresse. Toutefois nous
n'irons pas jusqu'à dire que le mot *acceptation* soit sa-
cramentel: ce serait nous reporter vers des législations
surannées avec lesquelles nos lois et nos mœurs ont à
tout jamais rompu. Mais il faudra que l'acceptation du
donataire soit exprimée dans l'acte.

Le plus souvent l'acceptation aura lieu en même
temps que l'offre et sera consignée dans le même acte.
Mais rien n'empêche qu'elle ne soit faite postérieurement
et par un nouvel acte. Dans ce cas, aux termes de l'art.
932, cet acte sera soumis aux mêmes formalités que
l'acte de donation lui-même, c'est à dire à l'authenticité et à la rédaction en minute. De plus, il devra être

notifié au donateur. De là trois époques différentes : *l'offre*, *l'acceptation* et la *notification*. Eh bien ! la donation ne sera parfaite qu'après l'accomplissement de ces trois formalités. D'abord, jusqu'à l'acceptation, il est évident qu'il n'y a pas eu concours de volontés, et que le contrat n'a pas pu se former. Mais cette acceptation n'est pas suffisante par elle-même, et pour être efficace il faut qu'elle soit portée à la connaissance du donateur par la voie tracée par la loi elle-même, c'est à dire par la solennité de la *notification*. Ici, la notification est nécessaire à la formation du contrat, comme l'authenticité et toutes les autres formalités dont nous avons parlé. Ce qui le prouve, c'est qu'aux termes de l'art. 932, la donation n'a d'effet à l'égard du donateur que du jour où elle lui a été notifiée; jusques-là le donateur n'est pas obligé; il peut retirer son offre. C'est donc seulement au moment de la notification, qu'il est dépouillé de son droit, que s'opère la transmission; partant ne faut-il pas que depuis l'offre jusqu'à ce moment il ait conservé toute sa capacité?

Mais si la perte du droit de la part du donateur n'a lieu qu'au moment de la notification, l'acquisition de la part du donataire n'a lieu aussi qu'à ce même moment; et de même que le donateur doit avoir alors la capacité de donner, de même le donataire doit avoir la capacité de recevoir. D'où la conséquence que la notification serait tardivement faite par les héritiers du donataire (1).

Cette opinion est cependant combattue par MM. Demante et Marcadé, qui pensent que la donation est

(1) *See* Duranton, tome VIII, n° 6.

parfaite par l'acceptation. Ils ne voient dans la formalité de la notification qu'une condition jusqu'à l'accomplissement de laquelle le donateur sera maître de re-
prendre le droit, objet de la donation, pour le faire
passer sur une autre tête (1).

Ce système nous paraît contraire au principe de l'irrévocabilité des donations, puisqu'elles se trouveraient
aussi soumises à une condition dépendant de la seule
volonté du donateur.

L'acceptation d'une donation rentre dans le droit commun, en ce sens qu'elle peut être faite par un mandataire; mais elle s'en écarte, en ce sens que la procuration doit être authentique, spéciale; et en outre, une
expédition doit en être annexée à l'acte de donation,
ou à la minute de l'acceptation faite par acte séparé.
Cette disposition a été reproduite aussi de l'ordonnance
de 1731.

En présence des termes de l'art. 933, qui parle
d'une *expédition*, il ne serait pas prudent de rédiger la
procuration en brevet. Toutefois, il nous semble que
dans l'esprit de la loi, une rédaction en brevet devrait
suffire. L'art. 20 de la loi du 25 ventôse an XI dispose
d'une manière générale que les procurations peuvent
être faites en brevet. Et cet article nous paraît d'autant
plus applicable ici, que, d'après l'ordonnance de 1731,
c'était la procuration elle-même, et non une expédition, qui devait être annexée à l'acte de donation.

Enfin, l'art. 948 du Code Nap. exige une nouvelle
formalité pour les donations des meubles : c'est la rédaction d'un *état estimatif*, disposition puisée encore

(1) Demante, *Cours de Droit civil*, tome II; Marcadé, sur l'art. 932.

dans l'ordonnance de 1731, avec la différence que l'ordonnance n'exigeait pas l'estimation. Le motif est toujours le même : celui d'assurer l'irrévocabilité de la
donation, en empêchant de cette manière la disparition
ou la destruction des effets mobiliers donnés. Cet état
estimatif sert également en matière de *rapport*, qui se
fait au taux de la valeur des meubles au moment de la
donation (art. 868).

Il y a plusieurs cas de donation où toutes ces formalités ne sont pas nécessaires. Tels sont les dons
par renonciation ou remise de dette, la stipulation
dans l'intérêt d'un tiers, comme condition d'un contrat onéreux qu'on fait pour soi-même, les dons
manuels, enfin, les donations déguisées sous la forme
d'un contrat à titre onéreux.

Il n'y a pas de difficulté sur les deux premiers cas :
les art. 1282 et 1121 sont formels à cet égard. Quant
aux dons manuels, il ne saurait y en avoir davantage.

Qu'est-ce, en effet, qu'un don manuel ? C'est une
libéralité qui a pour objet une chose mobilière et
corporelle et qui s'effectue par la *tradition*. C'est un acte
de droit naturel qui n'a d'efficacité légale que par l'exécution. Ainsi, la possession réelle, signe civil de la
propriété des meubles corporels valide la donation ma-
nuelle. C'est ce que reconnaissait déjà le chancelier
d'Aguesseau (1).

Le don manuel ne s'appliquant qu'aux meubles corporels, la tradition d'un titre de créance ne vaudrait
pas donation de cette créance, à moins qu'il ne s'agit
d'un billet au porteur.

_____

(1) Lettre du 25 juin 1731.

Quid des billets à ordre? Ils ne sont transmissibles qu'au moyen de l'*endossement régulier*, c'est à dire exprimant la valeur fournie (art. 137 et 187 du Code de Commerce). Si donc l'endossement n'était pas causé, ou était causé *pour don*, il n'y aurait pas de transport. Mais s'il exprimait la valeur reçue quoique mensongèrement, il constituerait une donation déguisée sous la forme d'un contrat à titre onéreux, puisque les parties auraient employé le mode de transfert propre aux billets négociables, et il vaudrait comme tel, ainsi que nous le verrons *infrà*. Bien plus, il est même d'usage dans la pratique commerciale de transmettre les billets à ordre au moyen d'un simple endossement en blanc, sauf à le régulariser en cas de débat judiciaire. D'où il résulterait que la donation d'un billet à ordre même endossé en blanc devrait être valable (1).

Les donations déguisées peuvent avoir lieu de deux manières; soit par interposition de personnes, soit sous la forme d'un contrat à titre onéreux. En vertu du principe que chacun peut faire indirectement ce qu'il lui est permis de faire directement, l'interposition de personnes doit être permise. Il est même des circonstances dans lesquelles la tranquillité du donateur et de sa famille ne peut être assurée que par ce moyen.

Mais une sérieuse controverse s'élève sur la validité des donations déguisées sous la forme d'un contrat à titre onéreux.

Des auteurs recommandables, et notamment M. Duranton (1), soutiennent énergiquement la nullité de la

---

(1) Zachariæ, tom. v, § 659; Marcadé, sur l'art. 931. — (2) Duranton, tom. viii, nos 400 et 401.

donation. Selon eux, il n'est pas possible que le législateur, après s'être montré si rigoureux pour les libéralités, après s'être efforcé de multiplier autour d'elles les chances de nullité, en les entourant de minutieuses formalités, ait ensuite indiqué pour ainsi dire aux parties, le moyen d'éluder cette loi, ait enfin détruit en quelque sorte son œuvre aussitôt après l'avoir faite.

Cette argumentation est sans doute pleine de force, et devrait, sans contredit aboutir en législation. Mais ici, quelque singulière que nous paraisse la loi, nous devons nous y soumettre, à la seule condition qu'elle existe. Or, remarquons que nous raisonnons dans l'hypothèse d'une donation déguisée entre personnes habiles, l'une à donner, l'autre à recevoir. Eh bien ! les art. 911 et 1099, en prononçant la nullité des donations déguisées, lorsqu'elles ont pour but d'éluder une prohibition de donner, ne supposent-elles pas que la validité est la règle générale ? Au surplus, l'art. 931 exige des formes spéciales pour *tous actes portant donation entre-vifs*, et non *pour toutes donations*. Cette rédaction prouve que l'article n'entend parler que des donations *expresses*. Furgole faisait déjà cette observation sur l'art. 1 de l'ordonnance de 1731 qui se servait des mêmes termes. Ce système, qui est celui d'une jurisprudence presque constante (1) et d'un grand nombre d'auteurs (2), a l'avantage de prévenir les procès que ferait naître là question de savoir, si tel acte qui est revêtu de la forme d'un contrat onéreux, ne cache pas au fond une libéralité déguisée.

(1) Cassation, 5 pluviôse an XI. — 9 mars 1837, 3 août 1841. — Toulouse, 10 janvier 1843. — (2) Toullier IV, n° 474; Zachariæ v. § 639. — Marcadé, sur l'art. 911.

CHAPITRE II.

Du transfert de la propriété à l'égard des tiers.

SECTION PREMIÈRE.

La mutation de la propriété opérée par le seul consentement indépendamment de toute publicité. — Abolition de la loi du 11 brumaire an VII.

Ainsi que nous l'avons fait observer *supra*, ce ne fut ni dans le titre des obligations, ni dans celui de la vente, que les rédacteurs du Code organisèrent le système du transfert de la propriété à l'égard des tiers. Arrivés au titre des Hypothèques, ils eurent à trancher enfin la question de savoir s'ils maintiendraient le système de publicité de la loi de brumaire, ou bien si, généralisant le principe de l'article 1138, ils étendraient jusqu'aux tiers les effets du transfert de la propriété par le seul consentement.

L'article 94 du projet portait que les actes translatifs de propriété immobilière *qui n'auraient pas été transcrits* ne pourraient être opposés *aux tiers* (1). C'était reproduire le système de publicité de la loi de brumaire.

Mais sur les vives attaques dont cet article fut l'objet de la part de MM. Malleville et Tronchet, lors de la discussion, il fut renvoyé à la section de législation, qui ne le proposa plus, et y substitua ce principe tout différent qui est renfermé dans l'article 2182 : *Le vendeur ne transmet à l'acquéreur que les droits qu'il avait lui-même sur la chose vendue.* Or, celui qui a déjà vendu, n'a plus de droits sur la chose ; par conséquent,

_____

(1) Fenet, trav. prép., t. xv, pag. 346.

6

Il ne peut transférer à un second acheteur un droit qu'il n'a plus lui-même. Donc la propriété est transférée par le seul consentement à l'égard des tiers, comme entre les parties. D'ailleurs, et indépendamment de l'art. 2182, la conclusion tirée de la suppression de l'art. 91 du projet est d'autant plus vraie, qu'il y a au contraire un article qui maintient expressément le système de la transcription, quant aux donations d'immeubles (art. 939). Aussi la généralité des auteurs et la jurisprudence s'accordèrent-ils, dès les premiers temps du Code, à reconnaître cette innovation, et l'opinion contraire n'a-t-elle réuni que de bien rares partisans.

Mais quel a été l'effet de la promulgation du Code sur les acquisitions faites sous l'empire de la loi de brumaire? Il faut distinguer celles qui étaient déjà transcrites lors de cette promulgation, de celles qui ne l'étaient pas. Quant aux premières, il est évident qu'elles constituaient des droits acquis, et que la loi nouvelle n'a pas pu les atteindre. Les secondes, au contraire, n'étant pas encore définitivement consommées, ont dû tomber sous l'empire des nouveaux principes, comme si elles n'avaient été faites que depuis le Code. Cela posé, entre divers prétendants à un immeuble en vertu de titres passés sous la loi de brumaire, il est sans difficulté que celui qui avait fait transcrire son titre avant le Code, devra être préféré: mais si aucun n'avait fait transcrire à cette époque, c'est à dire s'il n'y a de droit acquis pour personne, nous déciderons que celui dont le titre est le plus ancien devra l'emporter.

L'innovation du Code, en ce qui touche le transfert de la propriété, même à l'égard des tiers, par le seul consentement, est vrai, non seulement pour les immeubles, mais encore pour les *meubles*. Remarquons en effet que le législateur, en édictant les articles 711 et 1138, n'a fait aucune restriction à l'égard des tiers, en ce qui concerne les meubles. S'il a fait des réserves dans l'art. 1140, en ce qui touche les immeubles, c'est qu'il suivait les errements de l'ancienne jurisprudence qui, ainsi que nous l'avons développé ci-dessus, avait créé en faveur des tiers des modes particuliers de publicité pour les mutations des propriétés immobilières. Mais elle n'avait établi aucune distinction pour les objets mobiliers. Seule, la tradition opérait la mutation, tant à l'égard des tiers qu'à l'égard des parties. Or, rien ne prouve que le Code ait lui-même créé une distinction à cet égard. En abolissant donc la nécessité de la tradition, il l'a abolie d'une manière radicale et absolue, envers et contre tous. Cependant, certains auteurs, et notamment M. Troplong (1), argumentant des termes de l'art. 1141, ont prétendu que, pour les meubles, c'est la tradition seule qui rend l'acheteur propriétaire à l'égard des tiers. Cet article dit, en effet, qu'entre deux acheteurs successifs d'un objet mobilier, celui des deux qui aura été mis en *possession réelle* sera préféré, quelle que soit du reste la date de son acquisition. Mais il a soin d'ajouter : *pourvu toutefois que la possession soit de bonne foi.* Or, s'il était vrai qu'à l'égard du second la propriété n'eût pas été transférée au premier acheteur par le seul consentement, qu'importerait sa bonne ou sa mauvaise foi ? « Vis à vis de moi, répondrait-il victorieusement, vous n'êtes qu'un créancier du vendeur. Or, votre qualité ne fait nullement obstacle à ce que

(1) *De la Vente*, tom. 1, n°° 42 et 46.

j'acquière de votre débiteur. La loi ne vous donne d'autre recours que la voie de l'action Paulienne. Mais il ne suffit pas que je sois de mauvaise foi, pour que vous puissiez exercer utilement cette action, il faut encore l'insolvabilité du débiteur (1). Or, dans l'art. 1141, il n'est nullement question de l'insolvabilité du vendeur. « Ce ne sont donc pas les principes de l'action Paulienne qui ont fait exiger la bonne foi du possesseur. La décision de l'art. 1141 tient uniquement à ce principe, qu'il y a pour les meubles une prescription instantanée, puisqu'en fait de meubles, possession vaut titre, *pourvu que la possession soit de bonne foi*. Or, c'est précisément une possession de ce genre que suppose l'art. 1141. Le second acheteur n'est préféré, c'est à dire ne peut prescrire, qu'autant qu'il ignorait la première vente. Il est donc certain que la propriété des meubles est transférée, même à l'égard des tiers, par le seul consentement (2). Dans certains cas, à la vérité, ce principe sera paralysé par l'application de l'art. 2279; mais il produira tous ses effets dans d'autres, et notamment au cas où le vendeur deviendra insolvable avant la tradition. L'acheteur étant propriétaire, prendra dans la masse l'objet vendu. Au contraire, dans le système de nos adversaires, il n'aurait aucun droit de préférence, et ne viendrait qu'au marc le franc avec les autres créanciers.

L'art. 1141 s'applique à toute sorte de choses mobilières corporelles ou incorporelles, pourvu qu'elles soient susceptibles de possession ou de quasi-posses-

---

1) Dig. *Quæ in fraude cred.;* Pothier, *Oblig.*, no 153. — (2) *Sic* Duranton, t. x, no 431. — Marcadé.

sion. Ainsi, entre plusieurs acquéreurs d'un droit d'usufruit sur un *meuble*, la préférence serait due à celui qui aurait été mis en possession. Il y a exception pour les créances ou droits sur des tiers, pour la transmission desquels la loi exige certaines formalités, ainsi que nous le verrons *infrà*.

Il faut donc reconnaître que le nouveau principe du Code s'applique d'une manière générale aux meubles comme aux immeubles, à l'égard des tiers comme entre les parties. Désormais la mutation de la propriété est effectuée, l'obligation est *parfaite* par le seul consentement.

SECTION II.

Exceptions relatives : 1° aux cessions de créances; 2° aux donations de biens immeubles et aux substitutions; 3° utilité de la transcription sous le Code. — Innovation du Code de procédure civile, art. 834-835.

§ 1. De l'acceptation authentique ou de la notification.—Notification des cessions de créances.

La cession de créances proprement dite ne fut jamais admise dans la législation romaine. Le droit personnel, l'obligation, étant un lien de droit entre deux personnes, changer l'une de ces personnes c'est changer l'un des éléments du droit, et partant le droit lui-même. Mais ce qu'on ne pouvait pas faire directement, on le faisait indirectement; et voici de quelle manière : le créancier donnait mandat à celui auquel il voulait transmettre la créance de poursuivre le débiteur en son nom, avec dispense de rendre compte. Le mandataire se trouvait ainsi ce qu'on appelait *procurator in rem suam*. Le Préteur rédigeait la formule de telle façon que l'*intentio* fût au nom du cédant; et la *condemnatio* au nom du cessionnaire, en sorte que l'*actio judicati* appartenait à ce dernier (1). Mais en définitive ce contrat n'était autre chose qu'un mandat qui, comme tel, ne passait jamais aux héritiers du cessionnaire, et qui pouvait être révoqué jusqu'au paiement, ou jusqu'à la *litis contestatio*. Le cédant conservait toujours le droit de poursuivre, et le cédé celui de se libérer valablement entre ses mains. Par là, la position du cessionnaire se trouvait fort critique. Des constitutions impériales y apportèrent une première amélioration, en établissant que lorsque le cessionnaire aurait notifié la cession au débiteur, ce dernier ne pourrait plus changer ses rapports avec le cédant ; si le cédant agissait, il était repoussé par l'exception *de dol*. De plus, au lieu d'agir *procuratorio nomine*, le cessionnaire en vint à pouvoir intenter directement des actions *utiles* contre le cédé, et à pouvoir les transmettre à ses héritiers.

Notre ancienne jurisprudence alla encore plus loin. S'écartant tout à fait des principes du mandat, elle reconnut une créance transportable comme une chose corporelle, sauf cette différence remarquable qui nous est signalée par l'art. 108 de la Coutume de Paris : *un simple transport ne saisit point, et faut signifier le transport à la partie, et en bailler copie avant que d'exécuter* (2).

Malgré l'innovation générale du Code en matière de translation de propriété, cette formalité est passée dans les art. 1690-91. Les motifs qui l'avaient dictée au rédacteur de la Coutume de Paris se sont présentés dans toute leur force à l'esprit de notre législateur, et il n'a

---

(1) Gaïus, Comment. 1. § 86. — (2) Pothier, *Vente*, n° 555.

pas craint de la maintenir comme une exception au principe général qu'il venait de proclamer.

La cession n'est donc parfaite *solo consensu* qu'entre les parties : à l'égard des tiers, le transport n'est opéré que par l'accomplissement d'une certaine formalité concomitante ou postérieure à la cession, par l'*acceptation authentique* du cédé, ou par la *signification* de la cession à lui faite. Cette exception de la loi se justifie facilement à l'égard du débiteur, quand on considère que la cession se fait à son insu, que la relation de droit qui existait entre son créancier et lui, existera désormais entre lui et un tiers. Ne faut-il pas quelque chose qui l'avertisse de la mutation qui s'est opérée, afin que dès ce moment, il soit dans l'impuissance de rien faire qui nuise aux droits du cessionnaire? La notoriété qui existe pour la mutation de propriété d'un immeuble, d'une chose corporelle, n'existe pas pour une mutation de créance. A l'égard des tiers autres que le cédé, le législateur a voulu les prémunir contre les fraudes si nombreuses et si faciles en cette matière. Dans des actes tout à fait secrets pour la société, à cause de la nature incorporelle de l'objet auquel ils s'appliquent, c'est à juste raison que la loi a organisé en faveur des tiers un mode exceptionnel de publicité.

Mais de quelle espèce de cession parle la loi? Est-ce de la cession de tous droits incorporels, comme le dit la rubrique de notre chapitre? Évidemment non : car tous les droits étant incorporels, la vente de toute espèce de droits s'y trouverait comprise, même celle du droit de propriété. Ce n'est donc là qu'un vice de rédaction. En se pénétrant de l'esprit de la loi, on voit que les art. 1690-91 ne concernent que la cession de créances proprement dites, c'est à dire de créances sur les tiers. Ils ne s'appliquent donc point à la cession de droits successifs, par exemple, qui sont des droits sur une chose indivise, la *succession*, ayant une existence réelle et absolue, indépendante de toute relation de droit entre les divers cohéritiers.

Cette règle qu'à l'égard des tiers le cédant n'est dessaisi que par l'accomplissement des formalités ci-dessus indiquées, amène des conséquences semblables à celles du défaut de transcription, sous l'empire de la loi de brumaire. Le mot *tiers*, employé d'une manière générale, absolue et illimitée, comprend tous ceux dont les droits sont modifiés par le fait de la cession : ainsi le débiteur cédé, les cessionnaires postérieurs, les créanciers du cédant, soit antérieurs, soit postérieurs au transport. De là plusieurs conséquences : le paiement fait par le cédé au cédant avant la signification est valable : on reconnaît même généralement qu'il sera admis à présenter des quittances sous seing-privé sans date certaine. Cette décision, plus équitable que juridique, repose sur ce que les débiteurs ne sont pas dans l'usage gênant et dispendieux de faire enregistrer les quittances qu'ils reçoivent.

Le cédé peut opposer au cessionnaire toute cause d'extinction de l'obligation et toute présomption de libération acquise en sa faveur contre le cédant avant la signification.

Entre deux cessionnaires successifs, celui qui le premier a obtenu l'acceptation authentique de la cession par le cédé, ou qui le premier lui a signifié sa cession, sera préféré.

La saisie-arrêt pratiquée entre les mains du cédé à

la requête des créanciers du cédant, sera valable, nonobstant toute acceptation ou signification postérieure. Toutefois, l'accomplissement de cette formalité intervenue avant la distribution des deniers équivaut à une saisie, et donne par conséquent au cessionnaire le droit de concourir au marc le franc avec le saisissant.

La faillite survenue avant la signification ou l'acceptation du transport, produirait les mêmes effets que la saisie, et empêcherait la cession d'être utile au cessionnaire. La faillite, en effet, dessaisit le failli au profit de la masse des créanciers, et rend désormais impossible tout investissement de la part d'un tiers d'une valeur quelconque ayant appartenu au failli.

La connaissance indirecte qu'auraient eu les tiers de la cession ne pourrait leur être opposée jusqu'à l'accomplissement des formalités prescrites par la loi : jusqueslà, ils sont censés ne pas croire la cession sérieuse. C'est ici le cas d'appliquer les dispositions de l'article 1352, qui refuse toute preuve contre la présomption de la loi, lorsque, sur le fondement de cette présomption, elle dénie l'action en justice. On comprend que notre solution serait différente, s'il y avait fraude bien caractérisée de la part des *tiers*, parce que la fraude fait exception à toutes les règles : *Fraus omnia corrumpit.*

A partir de l'acceptation ou de la signification, le transport est accompli. La créance passe sur la tête du cessionnaire avec tous ses accessoires, tels que caution, privilége et hypothèque ; mais, d'un autre côté, avec toutes les causes d'exception, de nullité tant réelles que personnelles dont elle pouvait être entachée : il n'y a de changé que la personne du cédant, qui s'efface pour faire place au cessionnaire : en d'autres termes, il ne s'opère point de novation.

Toutefois, lorsque le cessionnaire a pu obtenir une acceptation authentique, cet acte implique de la part du cédé une reconnaissance de la dette et une renonciation à toutes causes de compensation ou de nullité antérieures.

Mais dans le cas de signification comme dans celui d'acceptation, aucune nouvelle exception ne peut naitre désormais du chef du cédant au profit du cédé, contre le cessionnaire.

La loi voulant déjouer autant que possible les fraudes et les surprises si dangereuses en cette matière, exige que l'acceptation du cédé soit faite par acte authentique. Or, que décider, si elle a eu lieu par acte sous seing-privé ?

Les prescriptions de la loi sont trop formelles pour qu'on puisse accorder aucun effet à un pareil acte à l'encontre des tiers. Cependant, et quoique le cédé soit un tiers, on admet généralement qu'une telle acceptation sera suffisante à son égard, parce que, dit-on, cet acte implique de sa part l'obligation de ne rien faire au préjudice du cessionnaire. Un pareil système nous parait tout à fait contraire à l'esprit de la loi; car c'est principalement en faveur du cédé qu'est exigée l'authenticité. Le législateur a craint qu'un débiteur d'une créance annulable, effrayé par les menaces de poursuites d'un créancier d'autant plus impitoyable en apparence qu'il est moins fondé en réalité, ne fit une acceptation qui impliquerait, comme nous l'avons fait observer ci-dessus, une renonciation à toute cause de nullité antérieure. Il a pensé que la présence d'un officier public rendrait moins facile une pareille fraude. Cette présence nous parait donc indispensable.

Quant au paiement fait par le cédé au cessionnaire, il en est tout autrement. Il devrait équivaloir à une acceptation authentique. La fraude est, en effet, moins présumable ici que dans une simple reconnaissance : car il n'est pas à craindre qu'un débiteur exécute par un paiement une obligation annulable.

Il est une certaine classe de créances auxquelles ne s'appliquent point les règles ci-dessus, et qui sont transmissibles, même à l'égard des tiers ; par le seul effet de la cession. Ainsi, les billets au porteur se transmettent par la seule remise du titre (1); les effets négociables par la voie de l'endossement (2); les actions dans les sociétés de commerce, soit par la tradition du titre, soit par l'inscription du transfert sur les registres de la société (3); enfin, les rentes sur l'État et les actions sur la banque de France, au moyen de transferts inscrits sur les registres de la Trésorerie et sur ceux de la Banque (4). Il est à remarquer que cette exception ne s'applique qu'à la forme du titre, et non à la cause de la créance. Ainsi, une créance commerciale ne serait dispensée de la signification que tout autant qu'elle serait sous la forme d'un effet négociable.

§ 2. De la transcription des donations de biens immeubles et des substitutions.

Ce n'est pas seulement par les formalités intrinsèques auxquelles elles sont assujetties que les donations s'écartent du droit commun ; quelques-uns de ces actes s'en écartent encore par certaines formalités ex-

(1) Loi du 25 thermidor an III. — (2) Code de Commerce (art. 136-187). — (3) Idem (art. 35-36). — (4) Loi du 28 floréal an VII. — Décret du 13 thermidor an XIII, et du 16 janvier 1808.

trinsèques, par certains modes de publicité, sans l'accomplissement desquels ils ne sont pas opposables aux tiers. Au reste, prescrire pour ces sortes d'aliénations plus que pour toutes autres des moyens particuliers de publicité, c'est ce que tous les législateurs ont cru devoir faire. Ainsi, après que la tradition feinte eut été introduite à Rome, on ne trouva pas ce moyen de publicité suffisant pour les donations, et on créa l'*insinuation*. Cette formalité passa dans les Ordonnances de nos rois, et lorsque intervint la loi du 11 brumaire an VII, qui établit la formalité de la transcription, comme droit commun, l'insinuation n'en conserva pas moins son existence et son application particulière. En effet, quoique ayant l'une et l'autre la publicité pour objet, l'insinuation et la transcription n'étaient pas deux formalités identiques. Les donations mobilières ou immobilières devaient être insinuées ; les aliénations immobilières étaient seules soumises à la transcription. Le donataire avait un délai pour faire insinuer la donation, et, faite dans ce délai, l'insinuation avait un effet rétroactif au jour de la donation. L'acquéreur n'avait aucun délai pour faire transcrire, et la première transcription était préférée, nonobstant la date d'une acquisition antérieure. Enfin, le défaut d'insinuation pouvait être opposé par toute personne ayant intérêt, même par le donateur, jusqu'à l'ordonnance de Moulins, et par tous autres que lui, même par ses héritiers, depuis cette ordonnance; le défaut de transcription ne pouvait être opposé que par les créanciers ou tiers acquéreurs du donateur.

Malgré ces profondes différences, on ne pouvait se dissimuler que ces deux formalités ne fissent double

emploi, eu égard au but commun qu'elles se proposaient, la *publicité*.

Aussi, arrivé à l'article 939 du Code Napoléon, le
législateur moderne jugea-t-il à propos de ne consacrer
qu'un seul mode de publicité. Mais quel est le mode
qu'il a maintenu ? Quel est celui qu'il a supprimé ?
D'abord, ce qu'il y a de certain, c'est que le mot *insinuation* ne figure plus dans la loi, et que le mot
seul de *transcription* s'y rencontre. Mais, en conser-
vant le nom, le Code a-t-il aussi conservé la chose,
ou bien a-t-il calqué sa nouvelle transcription sur l'ancienne insinuation ? Les éléments contradictoires que
semble fournir la discussion au Conseil d'État sur ce
point, ont fait naître à ce sujet de vives controverses.

Toutefois, il nous semble que lorsque nous voyons
le Code abandonner la publicité pour les meubles, et
n'exiger la transcription que pour les *biens susceptibles
d'hypothèques*(1), imiter la loi de brumaire en n'accordant aucun effet rétroactif à la transcription, et enfin
désigner cette formalité sous la même qualification,
nous sommes forcés d'admettre, avec la Cour de Cassation, que le législateur a voulu consacrer entièrement la loi de brumaire pour ce qui concerne les
donations. Or, d'après cette loi, la propriété n'était
transférée, à l'égard des tiers, que par la transcription.
Donc les donations sont encore sous l'empire de cette
loi, et font ainsi exception au principe général de l'article 1138.

Ce point universellement reconnu aujourd'hui par

(1) Tels étaient les termes précis de l'art. 26 de la loi du 11 brumaire an VII.

la doctrine et la jurisprudence, a été vivement con-
troversé par Toullier. Ce jurisconsulte a prétendu que
le législateur n'a exigé la transcription dans l'article
939, qu'avec les effets qui lui seraient attribués par le
système hypothécaire qui serait plus tard adopté. Or,
ajoute-t-il, la loi de brumaire a été abandonnée : la
transcription n'est plus qu'un moyen de purge ; c'est
donc à ce seul effet qu'elle doit être restreinte en matière de donations (1). Mais, s'il en était ainsi, comment le législateur n'aurait-il pas fait, sous l'article
939, les mêmes réserves qu'il n'a pas manqué de
faire sous les articles 1140 et 1583 ? S'il a exigé formellement la transcription, c'est qu'il a voulu assujettir
les donations à cette formalité, indépendamment de
tout système hypothécaire quelconque ; c'est que, fidèle à l'ancien Droit, il a voulu, lui aussi, soumettre
les donations à des formalités spéciales. Qu'importe
la suppression de la loi de brumaire ? La disposition
est dans l'article 939 ; la loi de brumaire n'est autre
chose qu'un texte qui sert à en expliquer la nature.

Aussi, sans insister plus longtemps sur un point
désormais incontestable, passerons-nous à des questions d'un intérêt plus pratique. Et, d'abord, établis-
sons que la nécessité de la transcription a été conser-
vée pour les donations de toute sorte de *biens immeubles*,
servitudes, droits d'usage et d'habitation, et actions
en *réméré* ou en *rescision* (2). Si notre article ne parle
que des biens susceptibles d'hypothèques, c'est parce

(1) Toullier, tom. v, chap. 4. § 4. nos 237-238.—(2) Nous n'hésitons pas à ranger ces actions dans la classe des immeubles, en vertu
du principe établi par Pothier : *qui actionem habet, ipsam rem habere videtur.*

que ces mots étaient déjà dans l'art. 26 de la loi de brumaire. Ils avaient pour but d'écarter les rentes *fon-*
cières et *constituées*, qui, à cette époque, étaient
regardées comme immeubles, et qui cependant, aux
termes formels de l'article 6 de la loi de brumaire,
n'étaient pas susceptibles d'hypothèques. Il est vrai
que le Code déclare toutes rentes meubles (529) ; mais
le titre de la *distinction des biens* où se trouve cette
déclaration, est postérieur à celui des donations et
testaments. Ainsi s'explique la rédaction de l'article
939 ; et, à travers ses termes restrictifs, se révèle à
nous son véritable esprit.

La disposition de la loi est générale : elle embrasse
toute espèce de donations. Ainsi : les donations rémuné-
ratoires, pourvu toutefois que le caractère de libéra-
ralité y domine ; les donations déguisées ; car, quoique le législateur les dispense des formes solennelles, au
gré des parties, il ne s'en suit pas qu'il ait voulu les
dispenser aussi des formalités extrinsèques introduites
en faveur des personnes étrangères au contrat.

La faveur qui environne les contrats de mariage,
n'en dispensera pas les donations de biens présents
faites en cette forme.

Quant aux institutions contractuelles, ou donations
de biens présents et à venir, on les considère comme
dispensées forcément de la transcription, puisqu'elles
laissent d'ailleurs à l'instituant le droit d'aliéner à titre
onéreux les biens qui en font l'objet. Néanmoins, nous
devons faire observer qu'elles tiennent des donations
entre-vifs ordinaires, en ce qu'elles enlèvent à l'instituant le droit de disposer des mêmes biens à titre gratuit. Or, dans l'opinion de ceux qui soutiennent (c'est

l'opinion que nous embrasserons *infrà*) que les donataires postérieurs ont le droit d'opposer le défaut de
transcription, ceux au profit desquels l'instituant peut
postérieurement faire des libéralités entre-vifs, ont
grandement intérêt à connaître l'institution contractuelle. D'où la conséquence que le donataire par institution contractuelle, agirait prudemment en faisant
transcrire sa donation au-fur et à mesure que les biens
donnés entreraient dans le patrimoine de l'instituant.

Quid des donations faites entre époux pendant le
mariage? La faculté qu'a le donateur de pouvoir les
révoquer à volonté, empêche d'entrevoir tout d'abord
l'utilité de la transcription. Mais si on considère que,
tant que la donation n'a pas été transcrite, les immeubles qui en font l'objet peuvent être, du chef du donateur, grevés d'hypothèques légales et judiciaires, on
est amené à reconnaître que l'accomplissement de la
formalité ne sera pas sans efficacité.

Jusqu'à quelle époque peut être faite la transcription? La loi ne fixant nulle part aucun délai, nous concluons qu'elle peut être utilement opérée à toute époque, même après le décès du donateur. Dans ce dernier
cas, elle rendra la donation efficace à l'égard des
créanciers ou donataires des héritiers du donateur.

Le Code n'exige nulle part la transcription des actes
testamentaires. Aussi, les créanciers de l'héritier ne seraient pas reçus à opposer à un légataire le défaut de
transcription. La même omission existait dans la loi de
brumaire qui n'avait pourvu qu'à la publicité des mutations opérées entre-vifs. Seulement l'art. 1069 nous
fournit une heureuse exception quant aux *substitutions*
d'immeubles qui sont faites par testament. Ici, la trans-

cription se trouve exigée, grâce à l'ordonnance de 1747 qui prescrivait la *publication et l'enregistrement des charges à restituer à titre de substitution*. Partout où les rédacteurs du Code ont trouvé dans les ordonnances les mots *insinuation, publication* ou *enregistrement*, ils les ont remplacés par celui de *transcription*.

Il est à remarquer que l'art. 1069 exige non seulement la transcription de l'acte de substitution (entrevifs ou testamentaire) pour les immeubles, mais encore *la transcription des actes de vente*, lorsque les sommes substituées ont été employées à acquérir des immeubles, ou *l'inscription sur les biens affectés*, lorsque les sommes substituées ont été colloquées avec privilège sur des immeubles.

Nous arrivons maintenant à la question capitale en cette matière, à savoir: quels sont ceux qui peuvent opposer le défaut de transcription? En règle générale, *tous ceux qui ont intérêt*, nous dit l'art. 941. Dans cette catégorie rentrent d'abord les tiers auxquels le donateur aurait vendu l'immeuble antérieurement donné ; les créanciers qui ont acquis un droit d'hypothèque depuis la donation, alors même qu'ils n'aient pas encore pris inscription, pourvu qu'ils la prennent dans les délais prescrits par l'art. 834 du Code de procédure civile. *Quid* des créanciers chirographaires? A ne considérer que les termes absolus de l'art. 941, il faudrait nécessairement leur accorder le même droit. Mais, pour interpréter sainement cet article, il faut le rapprocher de l'art. 939 qui n'a eu d'autre but que de transporter aux donations la transcription de la loi de brumaire. Or, il est certain que cette loi ne protégeait que les droits réels acquis antérieurement à la trans-

cription ; elle no réglait point les droits des créanciers chirographaires. Son unique objet était de régler les droits de ceux qui, à des dates différentes, avaient acquis un *jus in re* sur une même chose. Donc, par ces mots *ayant intérêt*, on doit entendre un intérêt de ceux que protégeait la loi de brumaire, c'est à dire ceux relatifs à des droits réels (1).

Quid du donataire postérieur? S'il a fait transcrire avant le premier donataire, lui sera-t-il préféré, comme il l'eût été sous la loi de brumaire? Oui, selon nous. Inutilement veut-on restreindre la portée de l'art, 941, en disant qu'il ne s'applique qu'aux tiers qui luttent de *damno vitando*; et non à ceux *qui certant de lucro captando*. La généralité de ses termes prouve que le législateur n'a pas entendu faire cette distinction, et qu'il a voulu consacrer purement et simplement le système en vigueur, lorsqu'il écrivait.

On nous objecte qu'en matière de substitutions, le défaut de transcription de l'acte contenant la disposition ne pourra être opposé aux appelés que par les acquéreurs à titre onéreux, et non par un donataire (art. 1070-1072). Or, nous dit-on, en désignant sous le nom unique de transcription l'ancienne *insinuation des donations* et l'ancienne *publication des substitutions*, le Code a entendu les fondre en une seule formalité : c'est donc dans les art. 1070 et 1072 qu'il faut aller chercher le véritable sens de l'art. 941.

Mais où voit-on la preuve de cette prétendue confusion entre deux formalités jadis si distinctes? Serait-ce dans les termes de l'art. 1070? Mais remarquez qu'il

(1) Grenier, *Hyp.*, tom. ii, n° 360. — Marcadé. — Coin-Delisle.

ne reproduit même pas les termes généraux de l'article 941 : *Toute personne ayant intérêt* : et ce serait cependant le sens de ces mots qu'il s'agirait de développer. Il se contente de dire : *Le défaut de transcription pourra être opposé par les créanciers et tiers acquéreurs*, etc.

Qu'importe qu'il n'y ait plus aujourd'hui entre la transcription des donations et la transcription des substitutions les mêmes différences qui existaient autrefois entre l'*insinuation* et la *publication*? Remarquez que la formalité exigée pour les donations n'est pas calquée sur l'ancienne *insinuation*, mais sur la loi de brumaire. Or, il est des points par lesquels cette loi de brumaire se rapprochait de la *publication*. Mais il est certain qu'elle en différait par d'autres, et notamment par celui que nous examinons ; d'où il suit que cette différence est passée dans notre Code.

Au reste, on comprend aisément une disposition exceptionnelle à l'égard des *appelés*, qui, n'étant pas encore nés, méritent une faveur particulière. Mais elle ne s'étendra pas jusqu'au grevé : et si une substitution n'a pas été transcrite, même comme donation, le donataire postérieur sera recevable, à notre avis, à opposer au grevé le défaut de transcription, sans porter toutefois aucune atteinte au droit des appe'és (1).

Quoiqu'il semble que les légataires rentrent aussi dans les termes de notre article, nous leur refuserions cependant le droit d'opposer le défaut de transcription, parce que la loi de brumaire n'accordait ce droit qu'aux tiers qui avaient *contracté* avec l'aliénateur.

Enfin, la loi excepte des personnes qui, *ayant intérêt*,

---

(1) *Sic* Duranton. — Zachariæ. — Coin-Delisle.

pourraient opposer le défaut de transcription : 1° *Les personnes qui sont obligées de faire transcrire la donation.* Ces personnes sont en effet responsables du défaut de transcription à l'égard du donataire. Si donc elles venaient se prévaloir contre lui de l'inaccomplissement de cette formalité, elles seraient repoussées par application de la maxime : *quem de evictione tenet actio, eumdem agentem repellit exceptio.* Mais la loi ajoute : *ou leurs ayant-cause.* Cela se comprend aisément pour les ayant-cause universels, puisque étant au lieu et place de leur auteur, ils sont tenus aux mêmes obligations que lui et soumis aux mêmes exceptions. Mais cela paraît moins rationnel en ce qui concerne les ayant-cause particuliers qui n'ont pas succédé aux obligations de leur auteur, et dont la position paraît aussi favorable que celle de ceux qui ont traité directement avec le donateur. Mais la loi est formelle, et il ne nous est pas permis de distinguer là où elle ne distingue pas.

La loi excepte encore le *donateur.* A ce sujet, pas de difficulté, puisque la donation est parfaite, *inter partes,* indépendamment de toute publicité.

Mais *quid* à l'égard des héritiers du donateur? Pour nous qui croyons que notre article n'est qu'un simple renvoi à la loi de brumaire, nous n'hésitons pas à faire rentrer l'héritier dans l'exception, comme le donateur lui-même. Mais on objecte que sur cette question spéciale, les rédacteurs ont appliqué au défaut de transcription ce que l'ordonnance de 1731 disait du défaut d'insinuation. Pour cela, on argumente d'abord de la discussion au Conseil d'Etat : mais cette discussion, comme nous l'avons déjà dit, ne peut jeter aucun jour sur la matière. Car, à quelques paroles qu'on trouve dans la bouche de M. Bigot de Préameneu en faveur des héritiers, nous pouvons opposer celles de M. Jaubert, dans son rapport au Tribunat, qui assimile formellement les héritiers au donateur lui-même. Passant ensuite à la comparaison du texte de l'art. 941 avec l'art. 27 de l'ordonnance de 1731, on nous dit que le premier article est la reproduction presque littérale de l'ancien, au moins quant à la règle générale conçue en ces termes : *Tous ceux qui ont intérêt;* l'énumération qui suivait l'art. 27, comprenant *l'héritier,* ayant été supprimée comme inutile. Mais, au lieu d'être inutile, n'était-elle pas au contraire indispensable pour l'héritier, puisque n'ayant en règle générale d'autres droits que ceux de son auteur, il se trouve par cela même rentrer dans l'exception relative au donateur?

Sans doute, la loi peut donner aux héritiers des droits propres et personnels, comme lorsqu'elle leur permet de demander la réduction des donations dépassant la quotité disponible. Mais de pareils droits ne peuvent résulter que d'une disposition précise et non équivoque, telle qu'elle existait dans l'article précité de l'ordonnance de 1731. Or, le silence du Code à cet égard nous semble prouver précisément qu'il a entendu la proscrire.

Concluons donc que les héritiers, pas plus que le donateur lui-même, ne peuvent opposer le défaut de transcription. Mais tous ses ayant-cause particuliers peuvent l'opposer, à moins que le donateur ne fût lui-même l'une des personnes chargées de faire la transcription : ainsi, par exemple, si le donateur se trouvant le tuteur de son donataire, avait vendu l'immeuble donné avant d'avoir fait transcrire la donation, comme il y est tenu aux termes de l'art. 940; dans ce cas, l'acquéreur ne pourrait pas opposer au donataire le défaut de transcription, comme nous l'avons vu ci-dessus.

§ 7. Utilité de la transcription sous le Code Napoléon, modifié par l'art. 834 du Code de Procédure civile.

Sauf l'exception relative aux donations de biens immeubles et aux substitutions, la formalité de la transcription s'est trouvée complètement inefficace depuis la promulgation du Code, ou plutôt, elle n'a été maintenue qu'à un titre tout différent, à titre de préliminaire pour arriver à la purge des hypothèques inscrites avant l'aliénation, conformément à l'art. 2181 du Code Napoléon. Cet article, en effet, est ainsi conçu : *Les contrats translatifs de la propriété d'immeubles............ seront transcrits*, etc.

Mais on discutait sur le point de savoir si les créanciers ayant des hypothèques *non inscrites*, lors de l'aliénation, verraient leur droit entièrement anéanti à l'égard du tiers-détenteur, ou s'ils seraient à temps de prendre inscription jusqu'à la transcription de l'acte d'acquisition.

Il était bien difficile, ainsi que le disait M. Berlier devant le Corps législatif, sur l'Exposé des motifs du Code de procédure civile, il était bien difficile de ne pas reconnaître la première opinion comme la plus conforme au Code Napoléon, en présence de l'esprit général de notre système hypothécaire, qui ne reconnaît l'existence de l'hypothèque à l'égard des tiers que par l'inscription, et surtout en présence des termes bien formels de l'article 2166, qui parle des créanciers ayant hypothèque *inscrite* : « Mais il était aisé de sentir, ajoutait M. Berlier, que la seconde avait un but juste et utile, et présentait une modification qu'il était bon d'accueillir. » Ce fut sous l'influence de cette considération que fut édicté l'art. 834 du Code de procédure. Cet article permet aux créanciers du vendeur *non inscrits* au moment de la vente, de prendre inscription après la vente, jusqu'à la transcription, et même pendant quinze jours après cette transcription. Ainsi se trouve conservé le droit de suite après l'aliénation de l'immeuble, tant pour les créanciers non encore inscrits, que pour ceux qui auraient une inscription antérieure. Les uns et les autres peuvent opposer leur hypothèque au tiers-acquéreur, avec cette seule différence, que celui-ci ne sera point tenu, pour accomplir les formalités de la purge, de leur faire les significations prescrites par l'article 2183 à l'égard des créanciers inscrits.

Cette innovation a eu ses partisans et ses adversaires. — Les premiers ont dit que le système du Code Napoléon avait pour effet de laisser les droits des créanciers exposés aux plus grands dangers. En effet, vous prêtiez une somme considérable à un individu, moyennant affectation hypothécaire du domaine qui lui appartenait. Le lendemain, et dans l'intervalle du délai qui vous était indispensable pour obtenir l'expédition du contrat et prendre inscription, le débiteur vendait le domaine à un tiers. Par l'effet seul de cette vente votre droit hypothécaire s'évanouissait, et l'immeuble passait libre à l'acquéreur. L'art. 834 a pour objet de faire cesser cette fraude.

D'autres ont soutenu qu'à supposer que cette considération fût assez puissante pour justifier une exception au principe fondamental de notre système hypothécaire, il était inutile d'accorder un si long délai. La pensée de l'art. 834 est toute fiscale, disent-ils ; si le point de départ du délai est la transcription, c'est parce qu'on a voulu stimuler à l'accomplissement de cette formalité, qui est une source abondante de produits pour le Trésor.

Quoiqu'il en soit, et sans étudier plus longtemps le plus ou moins de mérite d'une innovation qu'une loi récente, dont nous parlerons *infrà*, vient de supprimer, ce qu'il y a de certain, c'est que sous l'empire de l'article 834, la transcription est pour les acquéreurs d'immeubles une formalité indispensable pour bien s'assurer des charges qui les grèvent. Aussi le législateur a-t-il pris toutes les précautions pour y encourager. C'est ainsi qu'en 1816, soit que le produit des transcriptions n'eût pas répondu aux espérances qu'on avait conçues, soit qu'on craignît que l'obligation d'acquitter les droits n'empêchât quelquefois l'accomplissement de cette formalité, intervint la loi du 28 avril, qui décida qu'à l'avenir le droit de transcription serait perçu simultanément avec le droit d'enregistrement.

—Le Code ne dit dans aucun de ses articles dans quelle forme doit être rédigé le titre d'acquisition, pour être soumis à la formalité de la transcription. D'où le Conseil d'État, par avis en date du 12 floréal an XIII, a conclu que les ventes sous seing-privé enregistrées pouvaient être transcrites. Cela, du reste, était généralement admis sous l'empire de la loi de brumaire. Toutefois, nous devons faire observer avec M. Grenier, que cet état de choses peut amener des inconvénients graves à l'égard de celui qui est devenu adjudicataire après la surenchère. Subrogé à l'effet de la vente, il est exposé à voir l'écriture ou la signature du vendeur désavouée dans un temps où il lui sera bien difficile d'en faire la vérification.

Mais suffit-il de faire transcrire le titre de sa propre acquisition ? ou bien, doit-on remonter à l'origine de la propriété, et soumettre à la même formalité les titres non transcrits des précédents acquéreurs ? Certains auteurs ont embrassé ce dernier parti, par le motif qu'il n'est pas possible que les créanciers du vendeur primitif soient suffisamment avertis par la transcription d'un titre dans lequel ne figure même pas le nom de leur débiteur. MM. Grenier et Troplong, cédant à cette considération, ont dit : Il sera inutile de faire transcrire *littéralement* tous les titres d'acquisition antérieurs, mais au moins faudra-t-il que le titre transcrit rappelle *les ventes successives, les noms de ceux qui les auraient consenties, avec leurs dates et les noms des notaires qui auraient reçu les ventes.*

Mais la Cour de cassation n'exige, avec raison selon nous, que la transcription du dernier titre. Ce système s'appuie d'abord sur les termes de l'art. 834, qui ne parle que de la *transcription d'un acte.* En outre, cet article est une dérogation au Code Nap. qui, dans son désir de voir les hypothèques promptement rendues publiques, exigeait de la part des créanciers une activité parfois impossible. Il a introduit en leur faveur un certain délai; mais il n'a pas entendu par là modifier l'esprit général de ce Code. Or, il est certain que dans l'hypothèse où nous nous plaçons, il y aura négligence de la part des créanciers du vendeur primitif, qui, après plusieurs ventes successives, n'auront pas encore pris inscription. Ce n'est pas là ce qu'a voulu favoriser le législateur. D'où nous concluons que la transcription du dernier acte est seule exigée.

Cette innovation ne s'applique pas seulement aux hypothèques, mais encore aux priviléges. *Il en sera de même à l'égard des créanciers ayant privilége sur des immeubles,* nous dit le second alinéa de l'art. 834, *sans préjudice des autres droits résultant au vendeur et aux héritiers des articles 2108 et 2109 du Code Napoléon.*

Les termes de cette disposition, rapprochée de ceux des art. 2108 et 2109 qui s'y trouvent précisément indiqués, a fait naître quelques difficultés. D'un côté, on s'est demandé de quelle utilité pourrait être l'article 834 pour le copartageant qui, aux termes de l'art. 2109, a un délai de soixante jours, à partir de l'acte de partage, pour prendre inscription, et surtout pour le vendeur, auquel l'art. 2108 accorde implicitement le droit de faire inscrire son privilége à une époque quelconque, jusqu'à l'ouverture de l'ordre, puisqu'il ne lui fixe aucun délai. D'un autre côté, on ne peut pas admettre que ces articles aient été abrogés, puisque le législateur réserve expressément les droits qu'ils confèrent. Comment concilier tout cela ? Voici l'interprétation qui a été généralement adoptée : Les articles 2108 et 2109 ne sont relatifs qu'au droit de préférence : à l'encontre des créanciers inscrits, le vendeur peut inscrire utilement son privilége jusqu'à l'ouverture de l'ordre, et le copartageant jusqu'à l'expiration du délai de soixante jours depuis le partage. Mais ces articles sont étrangers au droit de suite, lequel est réglé par l'art. 2166. Or, ce dernier article n'accorde le droit de suivre l'immeuble, en quelques mains qu'il passe, qu'aux créanciers ayant *privilége* ou hypothèque ins-

crits. De cette manière on comprend l'utilité de l'innovation de l'art. 834 du Code de procédure appliquée à
ces deux espèces de privilèges.

———

APPENDICE.

Loi du 23 mars 1855 sur la Transcription hypothécaire.

Au moment où nous terminions notre travail, une
loi nouvelle est venue modifier profondément le Code
Napoléon sur un point capital de notre sujet. A la vérité, aux termes de son art. 10, cette loi ne sera exé-
cutoire qu'à partir du 1er janvier 1856; néanmoins elle
est trop importante pour que nous puissions nous dispenser d'en donner une rapide analyse.

L'abandon du système de la loi de brumaire sur le
transfert de la propriété à l'égard des tiers avait fait
naître de vifs regrets depuis la promulgation du Code.
Les meilleurs esprits ne cessaient de faire ressortir les
funestes inconvénients du nouveau système, et d'en
demander à grands cris l'abolition. Les jurisconsultes
économistes surtout réclamaient la publicité des mutations immobilières comme une nécessité sociale, comme
l'unique moyen de rétablir les bases du crédit foncier,
et de procurer aux familles le repos et la sécurité.

Dans l'enquête qui eut lieu sur le régime hypothécaire en 1841, 27 Cours impériales sur 28, et 7 Facul-
tés de Droit sur 9 avaient exprimé les mêmes vœux.

Pourquoi cela? Parce que la transcription est un élé-
ment indispensable de sécurité, soit dans les acquisitions d'immeubles, soit dans les prêts hypothécaires.

Dans les principes du Code, on n'a aucun moyen

pour s'assurer que le droit de propriété réside sur la tête de la personne avec laquelle on a l'intention de traiter. L'acheteur est toujours exposé à être évincé par un acheteur antérieur qui viendra lui opposer un acte sous seing-privé enregistré, qu'il lui a été impossible de connaître. Le prêteur ignore lui aussi si son emprunteur est réellement propriétaire de l'immeuble qu'il lui offre en gage.

Dans cet état d'incertitude et d'instabilité, d'un côté, la propriété foncière est peu recherchée : l'activité publique entre de préférence dans une voie industrielle ou commerciale ; de là chômage ou dépérissement dans l'agriculture. D'un autre côté, le capitaliste refuse son concours au propriétaire, ou ne le lui accorde qu'avec défiance ; de là, propriété sans crédit, usure.

En présence d'inconvénients aussi graves frappant sur le droit qui mérite le plus la protection de la loi, le droit de propriété, en présence de cette espèce de cri public s'élevant de tous côtés pour demander le rétablissement de la transcription, la sollicitude du législateur a été éveillée. Déjà en 1850, un premier projet avait été présenté à l'Assemblée législative, et les évènements de décembre étaient venus l'interrompre. Dès les premiers jours de cette année, le Corps législatif a été saisi d'un nouveau projet dans le même sens, et, après une savante discussion, l'ensemble de ce projet a été adopté.

Cette loi n'a pas uniquement pour objet la transcription ; elle est encore relative à l'action résolutoire du vendeur et à l'hypothèque légale de la femme où elle apporte d'importantes modifications. Nous ne nous occuperons que des articles relatifs à la transcription, parce que c'est par là seulement que la loi nouvelle se rattache à notre sujet.

La transcription peut être envisagée sous un double point de vue : 1° des actes qui y sont assujettis ; 2° de ses effets.

§ 1. Des actes qui y sont assujettis.

Aux termes des articles 1 et 2, seront transcrits au bureau des hypothèques : *tout acte entre-vifs, translatif de propriété immobilière, de droits réels susceptibles d'hypothèque ; tout acte constitutif d'antichrèse, de servitude, d'usage et d'habitation ; tous actes portant renonciation à ces mêmes droits ; tous jugements qui en déclarent l'existence ; tout jugement d'adjudication, autre que celui rendu sur licitation, au profit d'un cohéritier ou d'un copartageant ; les baux d'une durée de plus de dix-huit ans, et enfin tous actes ou jugements constatant, même pour bail de moindre durée, quittance ou cession d'une somme équivalente à trois années de loyers ou fermages non échus.*

Ainsi trois catégories d'actes sont désormais assujettis à la transcription. Ceux relatifs 1° au transfert du droit d'entière propriété ; 2° à divers démembrements de ce droit ; 3° enfin, à certaines charges qui, sans constituer des droits réels, déprécient considérablement les immeubles auxquels elles s'appliquent.

Une condition essentielle, c'est que l'acte soit translatif de propriété immobilière. Cela étant, quelle qu'en soit la nature et la forme, qu'il soit le résultat d'un accord amiable des parties, ou bien qu'il consiste dans une décision judiciaire, peu importe ; il doit être soumis à la même formalité.

Si le législateur a énuméré les droits réels, c'est parce qu'il a voulu éviter la difficulté qui naissait sur ce point de la rédaction de l'art. 26 de la loi de brumaire, qui n'embrassait, dans ses termes, que les droits réels *susceptibles d'hypothèque.*

On sent toute l'influence que peuvent exercer sur la valeur d'une propriété les baux à long terme et les quittances anticipées de plusieurs années de loyers. Les longs baux sont une quasi-aliénation; les quittances anticipées enlèvent au domaine une portion de son utilité, et, en outre, sont le plus souvent entachées de fraude. Dès lors, combien les acheteurs ou les prêteurs sont-ils intéressés à connaître ces sortes d'actes? Tel est le motif qui a déterminé le législateur à les assujettir à la transcription. Ce n'est pas qu'il les ait considéré comme des droits réels : car alors il les aurait tous assujettis à la publicité, quelque courte que fût leur durée. Or, il ne l'a point fait. Mais comment fixer la mesure dans laquelle les baux et les anticipations de loyers seront astreints à la formalité? « Il fallait, comme le disait la commission dans son rapport, concilier les exigences du crédit immobilier avec le respect dû aux usages et à la liberté des conventions privées. » Les chiffres adoptés nous paraissent atteindre ce but.

Les transmissions à cause de mort se trouvent implicitement dispensées de la transcription, puisque la loi ne parle que des *actes entre-vifs.* Il faut cependant reconnaître que les tiers auxquels une vente ou une affectation hypothécaire d'un immeuble déjà légué aura été consentie par l'héritier légitime, peuvent être facilement trompés : rien ne les aura avertis du droit

du légataire; et cependant celui-ci viendra les dé-
posséder par une action en revendication. Comment se
fait-il que, nonobstant ce danger, notre législateur
n'ait pas, comme les législateurs allemands, exigé la
publicité pour les transmissions à cause de mort? Le
voici : indépendamment de ce que la publicité obligatoire des testaments violerait la maxime : *le mort saisit
le vif*, elle présenterait encore de bien graves inconvénients.

Et d'abord, remarquons que le testament est l'œuvre exclusive du testateur, que le légataire n'y est
point partie, que par conséquent il peut en ignorer
l'existence, et qu'il dépend souvent de l'héritier de pro-
longer pendant un temps plus ou moins long cette igno-
rance. Dès lors, comment aurait-on pu l'assujettir à une
formalité qu'il ne lui sera pas quelquefois possible d'accomplir?

Ce n'est pas tout. On a craint encore de porter atteinte à une faculté bien précieuse, justement reconnue par nos lois civiles, la *faculté de tester*. En effet,
faire dépendre l'efficacité d'un testament de la transcription, c'est l'assujettir à une condition qu'il n'est pas au
pouvoir du testateur d'accomplir, puisqu'elle ne pourra
l'être qu'après son décès; conséquemment, c'est laisser
à une main étrangère le soin de compléter le testament.
Telles sont les principales considérations qui ont déterminé le législateur.

Il résulte encore des articles ci-dessus que les par-
tages amiables ou judiciaires ne sont pas soumis à la
transcription. Pourquoi cela? Parce que, dans les principes de notre Droit, le partage n'implique pas une
transmission de biens, qu'il n'est que déclaratif de pro-

priété. Ce n'est là sans doute qu'une fiction de la loi. « Mais, comme le disait très bien M. le rapporteur devant le Corps législatif, cette fiction n'en est pas moins la base des règles et des effets du partage, et la changer serait porter le trouble dans les dispositions du Code Napoléon » (1).

Nous ferons une dernière observation sur ces articles, c'est que tous les actes entre-vifs se trouvant assujettis à la transcription sans distinction, les actes sous seing-privé s'y trouvent compris comme les actes authentiques. Cependant des voix éloquentes se sont élevées dans la discussion contre l'admission à la formalité des actes sous seing-privé. On a fait valoir à l'appui des considérations bien puissantes, puisées, soit dans la fragilité de ces actes, soit dans leur irrégularité, souvent même dans la fraude dont ils sont entachés. La crainte d'entraver la liberté des transactions l'a emporté sur tout autre considération ; et le Corps législatif n'a pas même adopté l'amendement de l'honorable M. Delapalme qui proposait, tout au moins pour plus de garantie, le dépôt de l'acte sous seing-privé chez un notaire, avant qu'il pût être soumis à la transcription.

§ 2. Effets de la transcription.

Après avoir énoncé sommairement les obligations qu'impose la loi nouvelle, nous allons faire connaître les moyens de sanction qu'elle édicte dans ses articles 3 et 6, qui sont ainsi conçus :

Art. 3. *Jusqu'à la transcription, les droits résultant des actes ou jugements énoncés aux articles précédents ne peu-*

(1) Rapport fait par M. Debelleyme, n° 30.

vent être opposés aux tiers qui ont des droits sur l'immeuble, et qui les ont conservés en se conformant aux lois.

Les baux qui n'ont pas été transcrits ne peuvent jamais leur être opposés pour une durée de plus de 18 ans.

Art. 6. À partir de la transcription, les créanciers privilégiés ou ayant hypothèque, aux termes des art. 2123, 2127 et 2128 du Code Napoléon, ne peuvent prendre utilement inscription sur le précédent propriétaire.

Néanmoins, le vendeur ou le copartageant peuvent utilement inscrire les priviléges à eux conférés par les art. 2103 et 2109 dans les 45 jours de l'acte de vente ou de partage, nonobstant toute transcription d'actes faits dans ce délai.

Les art. 834 et 835 du Code de procédure sont abrogés.

Hâtons-nous de constater que la loi nouvelle ne porte aucune atteinte aux dispositions des art. 1138 et 1583 sur le transfert de la propriété entre les parties par le seul consentement. Mais on ne peut se dissimuler qu'à l'égard des tiers, l'innovation ne soit grave, qu'elle ne bouleverse le système du Code. Toutefois, quelque grave qu'elle soit, elle n'est ni imprévue ni soudaine, puisqu'elle n'est que le retour à cette loi de brumaire si énergiquement réclamée. C'est le système suivi en matière d'hypothèques et de donations d'immeubles, pour ainsi dire généralisé.

Ainsi, entre plusieurs acquéreurs successifs d'un même immeuble, celui-là sera définitivement propriétaire qui aura le premier fait transcrire son titre.

Le créancier du vendeur qui aura pris inscription avant la transcription d'un acte de vente consentie antérieurement à sa créance, pourra néanmoins exercer son droit hypothécaire contre l'acquéreur.

8

Réciproquement, le créancier du vendeur ayant hypothèque antérieurement à la vente, verra son droit s'évanouir vis à vis de l'acquéreur, s'il n'a pas pris inscription avant la transcription de l'acte d'acquisition. Tel est le résultat de l'abolition de l'art. 834 du Code de procédure.

Nous avons fait connaître *supra* la disposition de cet article. Sous l'empire d'une législation où la propriété était transférée d'une manière occulte, le législateur, par esprit d'équité, avait cru devoir établir cette exception en faveur des créanciers. Il avait voulu leur donner un temps moral pour consolider leurs droits. Considérant la transcription comme seulement le préliminaire de la purge, et non comme opérant transport, il s'en servait, pour ainsi dire, comme d'un signal destiné à avertir les créanciers qu'ils n'avaient plus que quinze jours pour prendre inscription.

Mais aujourd'hui que cette formalité a un tout autre caractère, aujourd'hui que c'est elle qui opère le dessaisissement à l'égard des tiers, on comprend que le législateur ne fasse plus, en faveur des créanciers, la même exception, et qu'à raison de son nouveau caractère, la transcription serve de dernière limite au delà de laquelle les hypothèques non inscrites resteront sans effet.

Les droits des créanciers ne seront pas aussi compromis qu'on pourrait le croire de prime abord. Ceux-ci n'auront qu'à laisser les fonds en dépôt chez un notaire, avec mandat de ne les livrer à l'emprunteur qu'après l'inscription utilement prise. Par là, les intérêts des prêteurs seront à l'abri de tout risque.

A la vérité, le créancier ayant hypothèque judiclaire ne pourra pas prendre une pareille précaution. Mais remarquez que ce créancier, en se contentant à l'origine d'une obligation purement personnelle, avait suivi la foi de son emprunteur. Il y a donc eu négligence de sa part : or, la loi n'a pas pu établir une exception pour protéger des intérêts que la négligence seule a compromis.

Il est à remarquer que l'art. 6 ne rappelle pas l'article 2121 relatif aux hypothèques légales des *femmes mariées*, des *mineurs* et des *interdits*. Ces hypothèques restent par conséquent sous l'empire de l'art. 2194. Cela s'explique par la raison que ces sortes d'hypothèques sont dispensées d'inscription.

L'esprit de la loi nouvelle ressort encore d'une manière manifeste de l'exception qu'elle établit en faveur du vendeur et du copartageant. Leur position est toute spéciale. Ils sont dépossédés, et, pour ainsi dire, à la merci de leur acquéreur ou de leurs cohéritiers. Il ne leur reste pas le moyen de précaution que nous indiquions ci-dessus, et auquel un prêteur prudent ne manquera pas d'avoir recours : et cependant leur privilége est sacré et mérite à tous égards la protection de la loi. Il fallait donc que le législateur leur donnât des garanties particulières : c'est ce qu'il a fait, en leur accordant 45 jours depuis la vente ou le partage pour faire inscrire leur privilége, nonobstant toute transcription faite dans ce délai.

Nous ne devons pas manquer de faire observer que la disposition de l'art. 6 à l'encontre des créanciers privilégiés ou hypothécaires, n'est relative qu'au droit de suite. Quant au droit de préférence, il continue à être réglé conformément au Code Napoléon. Or, nous savons qu'en matière de priviléges, la préférence ne se règle pas par la date de l'inscription. D'où la conséquence, que lorsque l'immeuble sera resté entre les mains du premier acquéreur, les créanciers privilégiés, le vendeur non payé, par exemple, seront préférés aux créanciers hypothécaires de cet acquéreur, quelle que soit l'époque de l'inscription des priviléges.

La rédaction de nos articles peut donner lieu à quelques difficultés. Ainsi, l'acquéreur peut-il, avant la transcription, constituer des droits sur l'immeuble, l'aliéner même? Il semble que, du moment qu'il n'est saisi lui-même à l'égard des tiers que par la transcription, il ne le pourrait pas. Cependant il résulte de l'ensemble de la loi que le législateur en a décidé autrement. Car, outre les termes larges qu'il emploie en parlant des tiers *qui ont des droits sur l'immeuble*, son intention se révèle, ce nous semble, dans la disposition exceptionelle de l'art. 6 en faveur du privilége du vendeur. En effet, la loi suppose dans cet article que l'acquéreur pourra aliéner l'immeuble, de manière à nuire au vendeur, c'est à dire avant l'inscription de son privilége. Or, il s'agit nécessairement d'une époque antérieure à la transcription : car, si l'acquéreur avait préalablement fait transcrire son titre, le privilége du vendeur aurait été par cela même inscrit, aux termes de l'art. 2108 du Code Napoléon. L'esprit de la loi nouvelle n'est donc pas douteux à cet égard, à moins toutefois qu'on ne voulût voir dans cette loi l'abrogation implicite de l'article 2108, ce qui nous paraît tout à fait inadmissible.

La transcription du dernier contrat purgera-t-elle l'immeuble, au profit du dernier acquéreur, des droits des précédents propriétaires? Lors de la discussion, M. Rouher, commissaire du gouvernement, interpellé sur cette question par M. Duclos, membre de la commission, refusa d'y répondre, en disant que c'était là une question qui rentrait dans le domaine de l'interprétation. Nonobstant cette réticence de la part de l'organe du gouvernement, nous pensons qu'il est entré dans l'esprit du législateur d'admettre le système déjà depuis longtemps sanctionné par la jurisprudence, à savoir que la transcription du dernier contrat suffira pour saisir l'acquéreur à l'égard de tous les propriétaires antérieurs. S'il avait entendu déroger à une jurisprudence aussi bien établie, il n'aurait pas manqué de s'en expliquer.

Enfin, l'art. 11 dispose que la transcription n'est pas obligatoire *pour les actes ayant acquis date certaine et les jugements rendus avant le 1er Janvier 1856*. Le législateur aurait bien pu sans doute fixer un délai dans lequel tous les propriétaires auraient dû faire transcrire leurs anciens titres pour consolider leurs droits; mais il a craint qu'une telle disposition ne restât inobéie de la part de propriétaires depuis longtemps en possession, et qu'il ne fût impossible de les convaincre de l'utilité de cette formalité. Au reste, le même but de consolidation sera atteint, au moins pour les biens qui changeront de main, au fur et à mesure des aliénations, si la transcription du dernier contrat est reconnue suffisante. Il est à regretter que la loi ne renferme pas une disposition expresse à cet égard. Mais ces actes ou jugements ainsi dispensés de la transcription, parce qu'ils auront acquis date certaine avant le 1er janvier 1856, pourront, plus tard, être annulés ou rescindés. Le législateur voit là une nouvelle mutation de propriété, et les jugements qui prononceraient cette annulation ou rés-cision devront être transcrits, aux termes du second alinéa de l'art. 11.

Quant au mode de transcription, la loi nouvelle ne le règle pas. Une loi spéciale interviendra à cet égard. *Jusqu'à cette époque*, nous dit l'art. 12, *la transcription des actes ou jugements qui n'étaient pas soumis aupara-vant à cette formalité, sera faite moyennant le droit fixe de un franc.*

Nous n'avons pas eu la prétention de soulever toutes les difficultés qui peuvent naître de la loi nouvelle. Ce ne sera que plus tard, et lorsque cette loi sera en vi-gueur, que, peu à peu, surgiront des questions nou-velles, qui seront soumises aux méditations des juris-consultes. Pour nous, nous nous sommes contenté d'en donner une idée générale, afin de signaler quelle sera l'influence de cette innovation sur l'esprit général de notre sujet.

Terminons en disant que la loi nouvelle a l'immense avantage de combler une lacune qui existait dans no-tre Droit, et de faire disparaître un vice qui enlevait à la propriété sa valeur de vente et son crédit. A l'ave-nir, la transcription donnera à la propriété un titre ré-gulier; elle la consolidera, et servira à établir ce qu'on a appelé *son état civil* (1).

Espérons que cette loi ne sera pas le dernier mot dit sur la grande question de la réforme hypothécaire, et qu'au contraire elle ne sera que le premier pas fait dans cette voie.

(1) Discours de M. Rouland, commissaire du gouvernement, de-vant le Corps législatif.

POSITIONS.

Droit Romain.

1° Le fidéjusseur n'était pas libéré par la prorogation de délai accordée au débiteur principal. La loi 7. Cod. IV. 65 est toute spéciale.

2° Le défendeur qui avait négligé d'opposer une compensation n'était pas réduit à la *condictio indebiti*. La compensation n'ayant jamais lieu de plein droit, il était toujours à temps d'intenter l'action qui naissait de sa créance.

3° La compensation avait lieu dans les actions de bonne foi *ex dispari causâ* aussi bien que *ex pari causâ*, nonobstant le texte du § 39. titre VI. liv. IV des Institutes de Justinien.

4° Dans le contrat de louage, les risques de la chose louée sont pour le locateur, tandis que dans la vente les risques sont pour l'acheteur, qu'il y ait eu ou non tradition.

Droit Civil Français.

1° L'art. 789 du Code Nap. doit être entendu en ce sens que la prescription trentenaire enlève au successible la faculté de renoncer s'il était saisi, et celle d'accepter s'il avait déjà renoncé.

2° Le mineur n'est pas restituable pour cause d'incapacité. Il est restituable pour cause de *simple lésion* contre ses propres actes, mais non contre ceux faits par son tuteur.

3° La femme mariée sous le régime dotal peut disposer de ses biens dotaux en faveur d'un autre qu'un enfant par institution contractuelle.

Droit Criminel.

1° Lorsque dans l'intervalle entre l'accomplissement du fait incriminé et le jugement, a existé une législation transitoire qui punissait ce fait d'une peine plus douce que la loi en vigueur à l'époque du fait et que celle en vigueur à l'époque du jugement, c'est la législation intermédiaire qui doit être appliquée.

2° L'action civile résultant d'un crime ou d'un délit, est prescrite par le même laps de temps que l'action publique.

Droit Administratif.

1° En matière de travaux publics, la demande en indemnité pour dommages permanents, comme pour dommages temporaires doit être portée devant le Conseil de préfecture et non devant l'Autorité judiciaire.

2° Les tribunaux n'ont pas qualité pour apprécier même en la forme la validité des arrêtés de conflit.

Procédure Civile.

L'appel d'un jugement interlocutoire pourra être utilement fait dans les trois mois qui suivront la signification du jugement définitif.

Droit Commercial.

Dans les sociétés commerciales, le partage des bénifices entre les associés, à défaut de convention à cet égard, ne doit pas être fait proportionnellement aux mises, mais bien par portions égales, déduction faite des apports et de leurs intérêts.

APPROUVÉ :

Le Doyen de la Faculté de Droit,

LAURENS.

VU ET PERMIS D'IMPRIMER :

Pour l'Inspecteur général,

L'Inspecteur d'Académie délégué,

L. BARIC.

TOULOUSE. — Typographie Bayaut-Pradel et Cᵉ, rue Peyras, 12.

Pagination incorrecte — date incorrecte

NF Z 43-120-12

www.ingramcontent.com/pod-product-compliance
Lightning Source LLC
Chambersburg PA
CBHW071157200326
41519CB00018B/5258